D0620837

IN CASE OF FIRE

IN A FOREIGN LAND

IN CASE OF FIRE IN A FOREIGN LAND

New and Collected Poems from Two Languages

ARIEL DORFMAN

With translations by Edith Grossman

with the author

Duke University Press *Durham and London* 2002

Printed in the United States of America on acid-free paper ∞
Designed by Amy Ruth Buchanan
Typeset in Weiss by Tseng Information Systems, Inc.
Library of Congress Cataloging-in-Publication Data appear on the last printed page of this book.

Substantial portions of this book were published by Viking Penguin, Inc. in 1988 as *Last Waltz in Santiago and Other Poems of Exile and Disappearance* and by Germania Serveis Gràfics (Spain), as *Último vals en Santiago.*

CONTENTS

LIKE SO MANY PREFACES, THIS ONE IS ALSO PROBABLY SUPERFLUOUS

1

If a poem cannot speak for itself, it has failed.
Even so . . .

2

This book is like a country of the future, a place I would like to inhabit: as bilingual as I am, the first collection of my works that offers my two languages, my Spanish and my English, my two loves, the chance to breathe side by side on paper as they breathe next to each other in my mind and in my life.

3

These poems came to me over the last twenty-five years and are as unfortunately necessary today as they were when they first visited me, blessed me, rescued me from despair.

4

These poems came to me in times of trouble.
When I needed healing and the world needed healing.

5

Has anything changed?

6

I think I'll let these poems speak for themselves.

11 October 2001

BY WAY OF DEDICATION: COMMUNITY DOT COM

So here we go again
the have and have dots
the have and have nots
the have and have coms

com for commerce
                    of course
but also   but also

el que come y no convida
tiene un sapo en la barriga

my mother's voice
in the gentleness of the kitchen
in the village by the parkway
in Parkway Village by the Parkway
her voice in Spanish
in the gentleness of the kitchen
where the family used to eat
to eat   comer
comer in Spanish   comer is to eat
in Spanish

el que come y no convida
if you eat and do not share
a toad will grow inside inside
a toad will grow

still there so many years later
her voice across time
and the toad
the toad still growing

here we go again

who eats

who eats who
eats

who eats who eats who
whoeatswho dot com

TO MISS,

BE MISSED, MISSING

1

DESAPARECER

PRIMER PRÓLOGO: TRADUCCIÓN SIMULTÁNEA

No soy tan diferente de los intérpretes
detrás de sus ventanas de vidrios
en las interminables conferencias de lo internacional
traduciendo lo que el campesino de Talca
recuenta sobre las torturas
repitiendo en inglés que lo pusieron sobre el catre
poniendo en el francés más fino y delicado
que la electricidad produce efectos durables y transmisibles
encontrando el equivalente exacto para violación por perros
pau d'arara insultaba a mis verdugos
encontrando un lenguaje escueto y conveniente
para aquello que se siente
—perdonen la rima y el ritmo—
cuando la muralla está detrás de las espaldas
y el capitán comienza a decir la palabra fuego,
tratando de sacar el melodrama de las frases
tratando de comunicar la esencia y la emoción
sin entregarse a la corriente oscura y pegajosa
de lo que pronuncian en realidad
torturaban a mi hijo en la otra pieza
al compañero nos lo trajeron derrumbado
a la compañera le metieron ratas es la pura verdad.
No tan diferente de ellos
con sus voces sus diccionarios sus anotaciones su cultura su
retorno a casa
en Ginebra en Nueva York en la Haya,
un intermediario, ni siquiera un puente,
traducción simultánea para recibir un buen sueldo
porque somos especialistas
y lo único verdaderamente increíble es que a pesar de nosotros
a pesar de mi río de interpretaciones y giros lingüísticos
algo se comunica
una porción de aullido
un matorral de sangre
unas lágrimas imposibles
la humanidad algo ha escuchado
y se emociona.

FIRST PROLOGUE: SIMULTANEOUS TRANSLATION

I'm not so different from the interpreters
in their glass booths
at endless international conferences
translating what the peasant from Talca
tells about torture
repeating in English that they put him on the cot
stating in the most refined and delicate French
that electric shock produces lasting transmissible effects
finding the exact equivalent for rape by dogs
pau d'arara I insulted the murderers
finding a phrase without emotion
that describes exactly the sensation
—please forgive any rhymes or rhythms you may find—
when the wall is at your back
and the captain begins to say the word fire,
trying to take the melodrama out of the sentences
trying to communicate the essence and the feeling
without giving in to the dark cloying current
of what they are really saying
they were torturing my son in the other room
they brought back our compañero unconscious
they put rats inside our compañera it's God's truth.
Not so different from them
with their voices their dictionaries their notes their
culture their going back home
in Geneva in New York in the Hague,
an intermediary, not even a bridge,
simultaneous translation for good pay
because we are specialists
and the incredible thing is that in spite of us
in spite of my river of interpretations and turns of phrase
something is communicated
a part of the howl
a thicket of blood
some impossible tears
the human race has heard something
and is moved.

TRÁMITES

averiguar cotejar informaciones ir a la
comisaría después al regimiento contratar abogados firmar peticiones
comenzar a golpear puertas hablar con parientes
llamar a viejos amores buscar influencias oficiar a la corte
hablar con los ex-detenidos escuchar rumores oficiar
otra vez apelar asistir a reuniones con otros padres
sacar copias de la foto hablar con un periodista extranjero
poner otra carta en el correo levantarse en el medio
de la noche cuando para un auto frente a la casa recibir
la noticia de que una novia que tuviste se va a casar
releer tu cuaderno de composición de segundo
humanidades oficiar a la suprema mirar a la calle

y todo
para poder
enterrar tu cuerpo,
tener un lugar
donde tu madre
puede ir a dejar
flores
—te gustaban los crisantemos
pero están muy caros—
los domingos
y el primero
de noviembre.

RED TAPE

find out check information go to the
police station then to regimental headquarters hire lawyers
sign petitions begin to knock on doors talk to relatives
call up old girlfriends find people with influence petition
in court talk to released prisoners listen to rumors
petition again appeal attend meetings with other
parents make copies of the photograph talk to a foreign
reporter mail another letter wake up in the
middle of the night when a car stops in front of the house
hear the news that your fiancée is getting
married reread your composition book from junior
high petition the supreme court look at the street

just
to be able
to bury your body,
to have a place
where your mother
can go with
flowers
(you liked chrysanthemums
but they cost so much)
on Sundays
and All Souls'
Day.

A LA NIÑA SE LE ESTÁN CAYENDO LOS PRIMEROS DIENTES

y ése quién es ése
al lado del Tío Roberto?

ay, niña, pero si ése es tu padre

y por qué no viene el papá?

porque no puede.

está muerto el papá
que nunca viene?

y si le digo que el papá
está vivo
estoy mintiendo
y si le digo que el papá
está muerto
estoy mintiendo.

Así que le digo lo único que le puedo decir
y que no es una mentira:

no viene porque no puede.

SHE'S LOSING HER BABY TEETH NOW

who's that who's that man
with Uncle Roberto?

oh, honey, that's your father

why doesn't daddy ever come
to see me?

because he can't

is daddy dead?
is that why
he never comes home?

and if I tell her that daddy
is alive
I'm lying
and if I tell her that daddy
is dead
I'm lying

so I tell her the only thing
I can
that isn't a lie:

daddy never comes home
because he can't.

ESPERANZA

para Edgardo Enríquez, padre
para Edgardo Enríquez, hijo

Mi hijo se encuentra
desaparecido
desde el 8 de mayo
del año pasado.

Lo vinieron a buscar,
sólo por unas horas,
dijeron,
sólo para algunas preguntas
de rutina.

Desde que el auto partió
ese auto sin patente
no hemos podido
saber
nada más
acerca de él.

Ahora cambiaron las cosas.
Hemos sabido por un joven compañero
al que acaban de soltar,
que cinco meses más tarde
lo estaban torturando
en Villa Grimaldi,
que a fines de septiembre
lo seguían interrogando
en la casa colorada
que fue de los Grimaldi.

Dicen que lo reconocieron
por la voz, por los gritos,
dicen.

Quiero que me respondan con franqueza.
Qué época es ésta,
en qué siglo habitamos,

HOPE

For Edgardo Enriquez Sr.
For Edgardo Enriquez Jr.

My son has been
missing
since May 8
of last year.

They took him
just for a few hours
they said
just for some routine
questioning.

After the car left,
the car with no license plate,
we couldn't
find out
anything else
about him.

But now things have changed.
We heard from a compañero
who just got out
that five months later
they were torturing him
in Villa Grimaldi,
at the end of September
they were questioning him
in the red house
that once belonged to the Grimaldis.

They say they recognized
his voice his screams
they say.

Somebody tell me frankly
what times are these
what kind of world

cuál es el nombre
de este país?
Cómo puede ser,
eso les pregunto,
que la alegría de un
padre,
que la felicidad de una
madre,
consista en saber
que a su hijo
lo están
que lo están torturando?
Y presumir por lo tanto
que se encontraba vivo
cinco meses después,
que nuestra máxima
esperanza
sea averiguar
el año entrante
que ocho meses más tarde
seguían con las torturas

y puede, podría, pudiera,
que esté todavía vivo?

what country?
What I'm asking is
how can it be
that a father's
joy
a mother's
joy
is knowing
that they
that they are still
torturing
their son?
Which means
that he was alive
five months later
and our greatest
hope
will be to find out
next year
that they're still torturing him
eight months later

and he may   might   could
still be alive.

PASTEL DE CHOCLO

La vieja no tenía nada que ver
con todo esto.

Se la llevaron
porque era nuestra madre.
no sabía lo que se dice
nada
pero nada de nada.

Te la imaginas?
Más que el dolor,
te imaginas la sorpresa?
Ella no podía sospechar
que gente
como ésa
existiera
en este mundo.

Ya van dos años y medio
y todavía no aparece.
Entraron a la cocina
y quedó hirviendo la tetera.
Cuando papá llegó a casa
encontró la tetera
seca
y todavía hirviendo
El delantal no estaba.

Te imaginas cómo los habrá
mirado
durante dos años y medio,
cómo los estará,
te imaginas después la venda
durante dos años y medio
descendiendo

CORN CAKE

My old lady had nothing
to do with any of it.

They took her
because she was our mother.
She knew nothing
I mean nothing about nothing.

Think about it.
Even more than the pain
think how amazed she was.
She never even knew
there were people
like them
in this world.

Almost two and a half years
and she hasn't come back.
They came into the kitchen
and left the kettle boiling
on the stove.
When the old man came home
he found the kettle
dry
steaming on the stove.
Her apron was gone.

Think how she must have
looked at them
for two and a half years,
how she must have . . .
think about the blindfold
coming down

sobre los ojos
y esos mismos hombres
que no deberían existir
y que otra vez
se acercan?

Era mi mamá
Ojalá que no aparezca.

over her eyes
for two and a half years
and those same men
who shouldn't be in this world
coming toward her
again.

She was my mother.
I hope she never comes back.

NO HA LUGAR

Señor, perdona que te mandemos
esta petición,
pero ya no nos queda otra alternativa.
La Junta no nos contesta,
El Mercurio se burla y calla,
la Corte de Apelaciones no acepta
el recurso de amparo,
la Suprema dictamina no procede,
y ya no hay comisaría
que se atreva
a recibir
esta petición,
a nombre de la familia.

Señor, tú que estás en todas partes,
habrás estado también
en la Villa Grimaldi?

Dicen que nadie sale
de la Colonia Dignidad,
del sótano de la calle Londres,
de los altillos de la Academia
Militar.

Lo habrás logrado
hacer
tú?
Si es así,
si la ubicuidad te acompaña,
contéstanos por favor.
Viste ahí por acaso a nuestro hijo
Gerardo? Bautizado, señor,
en una de tus iglesias.
Gerardo, el más rebelde, el más dulce también
de los cuatro.
Si no lo recuerdas,
te podemos enviar una foto
como ésas que se sacan en las plazas públicas

HIS EYE IS ON THE SPARROW

Forgive us, Lord, for sending
this petition
but we have no place else to turn.
The Junta won't answer,
the newspaper makes jokes and is silent,
the Court of Appeals will not hear
the defense appeal,
the Supreme Court has ordered us to
cease and desist,
and no police station
dares
receive
this petition
from his family.

Lord, you who are everywhere,
 have you been
 in
 Villa Grimaldi
 too?

They say nobody ever leaves
the Colonia Dignidad,
or the cellar on Londres Street,
or the top floor of
the Military Academy.

 Have you?

If you have,
if you really are everywhere,
please answer us.
When you were there
did you see our son
Gerardo? Lord, he was baptized
in your church,
Gerardo, the most rebellious, the sweetest
of the four.

los días domingos.
Para más señas, la última vez que lo vimos,
un poco después de la cena,
esa noche en que golpearon
a la puerta,
llevaba un chaleco azul
y unos blue-jeans desteñidos.
Todavía los debe de llevar.

Señor, tú que todo lo has visto,
lo has visto a él?

If you don't remember him
we can send a snapshot
the kind you take in the park
on Sunday,
and the last time we saw him,
right after supper,
that night when they knocked
on the door,
he was wearing a blue jacket
and faded jeans.
He must still be wearing them now.

Lord, you who see everything,
have you
seen him?

DOS MÁS DOS

Todos sabemos cuántos pasos hay,
compañero, de la celda
hasta la sala aquella.

Si son veinte,
ya no te llevan al baño.
Si son cuarenta y cinco,
ya no pueden llevarte
a ejercicios.

Si pasaste los ochenta,
y empiezas a subir
a tropezones y ciego
una escalera
ay si pasaste los ochenta
no hay otro lugar
donde te puedan llevar,
no hay otro lugar,
no hay otro lugar,
ya no hay otro lugar.

TWO TIMES TWO

We all know the number of steps,
compañero, from the cell
to that room.

If it's twenty
they're not taking you to the bathroom.
If it's forty-five
they can't be taking you out
for exercise.

If you get past eighty
and begin
to stumble blindly
up a staircase
oh if you get past eighty
there's only one place
they can take you,
there's only one place
there's only one place
now there's only one place left
they can take you.

TESTAMENTO

Cuando te digan
que no estoy preso,
no les creas.
Tendrán que reconocerlo
algún día.
Cuando te digan
que me soltaron,
no les creas.
Tendrán que reconocer
que es mentira
algún día.
Cuando te digan
que traicioné al partido,
no les creas.
Tendrán que reconocer
que fui leal
algún día.
Cuando te digan
que estoy en Francia,
no les creas.
No les creas cuando te muestren
mi carnet falso,
no les creas.
No les creas cuando te muestren
la foto de mi cuerpo,
no les creas.
No les creas cuando te digan
que la luna es la luna,
si te dicen que la luna es luna,
que ésta es mi voz en una grabadora,
que ésta es mi firma en un papel,
si dicen que un árbol es un árbol,
no les creas,
no les creas
nada de lo que digan
nada de lo que te juran
nada de lo que te muestren,
no les creas.

LAST WILL AND TESTAMENT

When they tell you
I'm not a prisoner
don't believe them.
They'll have to admit it
some day.
When they tell you
they released me
don't believe them.
They'll have to admit
it's a lie
some day.
When they tell you
I betrayed the party
don't belicvc them.
They'll have to admit
I was loyal
some day.
When they tell you
I'm in France
don't believe them.
Don't believe them when they show you
my false I.D.
don't believe them.
Don't believe them when they show you
the photo of my body,
don't believe them.
Don't believe them when they tell you
the moon is the moon,
if they tell you the moon is the moon,
that this is my voice on tape,
that this is my signature on a confession,
if they say a tree is a tree
don't believe them,
don't believe
anything they tell you
anything they swear to
anything they show you,
don't believe them.

Y cuando finalmente
llegue ese día
cuando te pidan que pases
a reconocer el cadáver
y ahí me veas
y una voz te diga
lo matamos
se nos escapó en la tortura
está muerto,
cuanto te digan
que estoy
enteramente absolutamente definitivamente
muerto,
no les creas,
                    no les creas,
                    no les creas,
                    no les creas.

And finally
when
that day
comes
when they ask you
to identify the body
and you see me
and a voice says
we killed him
the poor bastard died
he's dead,
when they tell you
that I am
completely absolutely definitely
dead
don't believe them,
don't believe them,
don't believe them.

ANIVERSARIO

y todos los 19 de septiembre
—ya van a ser cuatro años,
cómo puede haber pasado tanto—
tendré que volver a preguntarle
si hay noticias,
si algo se ha sabido.

y ella que no, muchas gracias,
le agradezco su atención,
mientras sus ojos siguen diciendo
lo que me dijeron sin palabras
aquella primera vez
—de esto van a ser tres años,
cómo puede ser—
que no, muchas gracias,
le agradezco la atención,
que no soy viuda,
que no te acerques,
que no me sugieras nada,
que no me casaré contigo,
que no soy viuda
todavía.

ANNIVERSARY

And every September 19th
(soon it will be four years,
can so many years have gone by?)
I will have to ask her again
if there is any news,
if they have heard anything,

and she will say no, thank you very much,
I appreciate your concern,
but her eyes will keep saying
wordlessly
what they said the very first time
(soon it will be three years—
how is it possible?)
no, thank you very much,
I appreciate your concern,
but I am not a widow
so stay away from me,
don't ask me for anything,
I won't marry you,
I am not a widow,
I am not a widow
yet.

IDENTIDAD

qué me dices, que encontraron otro?
que en el río, que no te oigo, esta mañana dices,
flotando otro más?
que habla fuerte. así que no te atreviste.
tan irreconocible está?
que la policía ha dicho que ni su madre podría
que ni la madre que lo parió
que ni ella podría,
eso han dicho?
que otras mujeres ya lo examinaron, no te entiendo,
que lo dieron vuelta y le vieron la cara, las manos le vieron,
eso,
que esperan todas juntas y silenciosas
todas de luto
a la orilla del río,
que ya lo sacaron del agua,
que está sin ropa
como el día en que nació,
que hay un capitán de la policía,
que no se moverán hasta que llegue yo?
que no es de nadie?
eso dices, que no es de nadie?

diles que me estoy vistiendo, que ya voy
si el capitán es el mismo de la otra vez
ya sabe
lo que va a pasar.
que le pongan mi nombre
el de mi hijo mi esposo
mi papá
yo firmaré los papeles diles
diles que vengo en camino, que me esperen

IDENTITY

What did you say—they found another one?
—I can't hear you—this morning
another one floating
in the river?
talk louder—so you didn't even dare
no one can identify him?
the police said not even his mother
                        not even the mother who bore him
                        not even she could
they said that?
the other women already tried—I can't understand
                                                what you're saying,
they turned him over and looked at his face, his hands
                                                they looked at,
                        right,
they're all waiting together,
silent, in mourning,
on the riverbank,
they took him out of the water
he's naked
            as the day he was born,
there's a police captain
and they won't leave until I get there?
He doesn't belong to anybody,
you say he doesn't belong to anybody?

            tell them I'm getting dressed,
                        I'm leaving now
            if the captain's the same one as
                        last time
            he knows
                        what will happen.
                        that body will have my name
                        my son's my husband's
                                    my father's
                        name
I'll sign the papers tell them

y que aquel capitán no lo toque,
que no se le acerque un paso más
                    aquel capitán

diles que no tengan cuidado:
a mis muertos los entierro yo.

tell them I'm on my way,
wait for me
and don't let that captain touch him
don't let that captain take one step closer
to him.

Tell them not to worry:
I can bury my own dead.

ACABO DE PERDER EL BUS Y VOY A LLEGAR TARDE AL TRABAJO

Tendría que orinar por los ojos para llorarte
salivar, sudar, suspirar por los ojos,
tendría que catarata, tendría que vino,
tendría que morirme como uvas molidas
por mis ojos, toser buitres, escupir silencio verde,
y dejar atrás una sola piel deshidratada,
que ni para animal o trofeo serviría,
tendría que llorar, así llaga,
así cerca,
para llorarnos.

I JUST MISSED THE BUS AND I'LL BE LATE FOR WORK

I'd have to piss through my eyes to cry for you
salivate, sweat, sigh through my eyes,
I'd have to waterfall
I'd have to wine
I'd have to die like crushed grapes
through my eyes,
cough up vultures spit green silence
and shed a dried-up skin
no good to animals
no good for a trophy
I'd have to cry these wounds
this war
to mourn for us.

PRIMERO PUSIMOS LAS SILLAS EN POSICIÓN Y DESPUÉS LAS MANTAS ENCIMA. TENEMOS UNA CASITA LINDA SOLAMENTE PARA NOSOTROS. AHORA VAMOS A JUGAR A QUE YO SOY EL PAPÁ Y QUE TU ERES LA MAMÁ Y PODEMOS HABLAR COMO LO HACEN ELLOS CUANDO CREEN QUE NOS HEMOS DORMIDO. YA?

Si vienen a buscarme de noche . . .
Entonces yo que soy la mamá sé qué hacer.
Esperar hasta la próxima mañana
y ver al abogado don Alfonso.
Y si vienen durante el día . . .
Entonces yo aviso a Leandro,
al contacto del partido.
Siempre que no te vigilen.
Siempre que no me vigilen.

Y si te llevan a ti también?
Eso no va a ocurrir nunca.
Pero si deciden llevarte
a ti también?
Entonces yo que soy la mamá digo
que el mayor de los niños,
el Juan,
sabrá lo que tiene que hacer.

Ahora hablan de nosotros.
Hablan de nosotros?
De ti y de mí y de Juan,
no te acuerdas?
Es que yo
estaba dormida.
Y si se llevan a los niños?
Eso tienes que preguntar,
si tu eres la mamá.
Eso tengo que preguntar?
Y si se llevan a los niños?
Eso pregunto, así?

FIRST WE SET UP THE CHAIRS AND THEN WE PUT THE BLANKETS ON TOP. NOW WE HAVE A NICE LITTLE HOUSE JUST FOR US. NOW LET'S PRETEND THAT I'M THE DADDY AND YOU'RE THE MOMMY AND WE TALK LIKE THEY DO WHEN THEY THINK WE'RE ASLEEP. OK?

If they come for me at night . . .
        Then I pretend I'm the mommy who knows what to do—
        Wait until morning
        and go see the lawyer don Alfonso.
And if they come during the day . . .
        Then I let Leandro know
        through the party.
Just make sure they're not watching you.
        Just make sure they're not watching me.

And if they take you away too?
        That will never happen.
But if they decide to take you away
                                        too?
        Then make believe I'm the mommy who says
        that the oldest,
                        Juan,
        will know what to do.

Now they talk about us.
        They talk about us?
About you and me and Juan,
don't you remember?
        But I always
        fall asleep.

What if they take the children?
That's what you have to ask
if you're the mommy.
        That's what I have to ask?
        What if they take the children?
        That's what I ask, right?

Entonces yo que soy el papá
levanto la voz y te reto.
No hagas preguntas tontas,
a eso no se atreverían.
Y yo que soy la mamá qué dije entonces?
Qué digo entonces yo?

Tú no dices nada.
Tú te quedas calladita.
Igual que ahora.

Then I pretend to be the daddy
And I start to yell and say
don't ask stupid questions,
not even they would do that.

        And if I'm the mommy
        what did I say then?
        What do I say then?

You don't say anything.
You just stay quiet.
Just like now.

LOS DEMÁS COMPAÑEROS DE LA CELDA ESTÁN DORMIDOS

Tú entras a la única habitación
de la casa
y no pones la luz
para no despertar
a los niños.

Te sacas la ropa en la oscuridad
y extiendes la mano bajo la frazada
hasta sentir el cuerpo tibio y dormido
de la más pequeña,
la que yo no conozco,
la que nació después.
Te quedas así, desnuda,
sin meterte en la cama,
con los ojos abiertos
casi tocando la respiración
de nuestros hijos.

Mañana tendrás que ir al juzgado
y te dirán que no,
mañana tendrás que buscar trabajo,
mañana tendrás que pedir fiado,
y siempre que no, que no,
que vuelva
mañana,
pero calladitos, no vamos a llorar
—no tengas miedo
puedes hacerlo
todo el mundo duerme—
porque la oscuridad está llena
de niños.

THE OTHER COMPAÑEROS IN THE CELL ARE ASLEEP

You go into the one bedroom
                    in the house
and you don't turn on the light
so you won't wake up
                the children.

You take off your clothes in the dark
and stretch your hand under the blanket
and feel the warm sleep
                of the youngest,
the daughter I don't know,
the daughter born afterwards.
You stand there, naked,
you don't get into bed,
your eyes are open
almost touching the breathing
                    of our children.

Tomorrow you have to go to the prison
and they will tell you no,
tomorrow you have to look for work,
tomorrow you have to ask for credit
and always no, no, the same no,
    come back
    tomorrow
but hush, let's not cry
—don't be afraid
            you can
            they're all asleep—
the dark is full
        of children.

NO SÉ DONDE VIVE. NOS HEMOS SEPARADO DE COMÚN ACUERDO PORQUE NO NOS LLEVÁBAMOS BIEN. YO ME QUEDÉ CON LOS NIÑOS Y DE VEZ EN CUANDO RECIBO UNA CARTA SUYA SIN REMITENTE. ES TODO LO QUE PUEDO INFORMARLES

En cuanto a mí
para encontrarte
debo dormirme
con tu recuerdo
y sólo a veces
si tengo suerte
reaparecerás
más tarde
en lo que suelen ser
mis sueños.

Te aseguro que por su parte la policía secreta
no me busca con sueños
y si llegan a encontrarme
en una noche incierta
me despertará el ruido
de frenos en la calle,
de hombres que bajan
de un auto en marcha,
de pasos que se acercan—
tú no estarás acá
para saberlo
o para protegerme
o para buscarme
—te dirían que no me han
detenido—
más tarde.

I DON'T KNOW WHERE HE LIVES. WE AGREED TO SEPARATE BECAUSE WE WEREN'T GETTING ALONG. THE CHILDREN ARE WITH ME AND ONCE IN A WHILE HE SENDS ME A LETTER. NO RETURN ADDRESS. THAT'S ALL I CAN TELL YOU

As for me
I have to sleep
with your memory
to find you
        and sometimes
        if I'm lucky
        you'll come back
                later
        in what are generally
        my dreams.

As for the secret police you can be certain
                        they don't look for me with dreams
        and if they find me
        one uncertain night
                —the sound of brakes
                of men who jump from
                moving cars
                and footsteps coming closer
                will awaken me—
        you won't know
        you won't be here
        to protect me
        to look for me
                —they'll tell you they haven't
                arrested me—
        later.

PRUEBAS AL CANTO

Si estuviera muerto,
yo lo sabría.
No me pregunten cómo.
Lo sabría.

No tengo ni una prueba,
ni un indicio, ni una clave.
Ni a favor,
ni en contra.
Ahí está el cielo,
del mismo azul
de siempre.
Pero eso no es una prueba.
Seguirán las barbaridades
y el cielo siempre igual.
Ahí están los niños.
Terminaron de jugar.
Ahora se pondrán a beber
como una horda de caballos
salvajes.
Esta noche se dormirán
apenas su cabeza
toque la almohada.
Pero ¿quién aceptaría eso
como evidencia
de que su padre
no está muerto?
Las locuras continuarán
y los niños siempre niños.
Hay, eso sí, un pájaro
—de esos que se paran
en pleno vuelo,
sólo alas en el aire
y casi sin cuerpo—
que vuelve todos los días
a la misma hora

SOFT EVIDENCE

If he were dead
I'd know it.
Don't ask me how.
I'd know.

I have no proof,
no clues, no answer,
nothing that proves
or disproves.
        There's the sky,
        the same blue
        it always was.
But that's no proof.
Atrocities go on
and the sky never changes.
        There are the children.
        They've finished playing.
        Now they'll start to drink
        like a herd of wild
        horses.
        Tonight they'll be asleep
        as soon as their heads
        touch the pillow.
But who would accept that
as proof
that their father
is not dead?
The madness goes on
and children are always children.
        Well, there's a bird
        —the kind that stops
        in mid-flight
        just wings in the air
        and almost no body—
        and it comes every day
        at the same time

a la misma flor
igual que antes.
Lo que tampoco prueba nada.
Todo está como el día en que lo llevaron,
Como si nada hubiera pasado
y sólo tuviéramos que esperar
su retorno del trabajo.
Ni un signo, ni un indicio,
a favor o en contra.

Pero si estuviera muerto,
lo sabría.
Así de simple, no me pregunten cómo.
Si no estuvieras vivo,
yo lo sabría.

to the same flower
just like before.
That doesn't prove anything either.
Everything's the same as it was the day they took him
away
as if nothing had happened
and we were just waiting
for him to come home from work.
No sign, no clue,
nothing that proves
or disproves.

But if he were dead
I'd know it.
It's as simple as that,
don't ask me how.
If you were not alive
I'd know it.

NUPCIAS

cada mañana cuando abro los ojos
            te vuelves a morir
te vuelves a morir
y en mis sueños te acaban de
          matar.
en vez de encontrarte viva
         entiendes
no hay nada en el mundo que yo pueda hacer
para impedir que en mis sueños te vuelvan a

todos los domingos me pongo mi traje de novio,
paso a ver a tu papá,
        abrimos el álbum familiar.
vino y galletas, las frases amables vienen
              y van.
los dos sabemos que algún día volverás.
    pero la cara que me matan cuando abro los ojos
y la cara que se quiebra cada noche sin piedad
no se encuentra nunca en las fotos aquellas entiendes
             que mira tu papá.

¿incluso en mis sueños te tengo que perder?
que me quede la noche por lo menos
para soñarte viva y a mi lado en la oscuridad,
    tu cara quieta y caliente como un eco
que toco allá lejos en el álbum familiar,
la noche para ensayarte recuerdos y cuerpos
de madre, y de abuela, y de luna de miel,
recuerdos y cuerpos y fotos y noches
que jamás podrás
       entiendes
tener.
y entonces y después
poder abrir los ojos
     los ojos al amanecer
y aquello que te hacían en mis sueños
te lo hicieron ya

NUPTIALS

every morning when I open my eyes
                    you die again
you die again
and in my dreams they've just
                    killed you
I don't find you again alive
                    understand?
there's nothing in the world I can do
to stop them in my dreams from

every Sunday I put on my wedding suit,
I go to see your father,
                    we open the album,
wine and biscuits the pleasant phrases back
                    and forth,
we both know that some day you'll come back,
                    but the face they kill when I open my eyes
and the face that breaks apart every night
is never in those photos, understand?
                    that your father keeps intact.

must I lose you even in my dreams?
let me have the night at least
for dreaming of you alive, at my side, in the dark,
          your face quiet and warm like an echo
I touch far away in the album,
the night for trying on memories and bodies
mother, grandmother, honeymoon,
memories and bodies and photographs and nights
that you'll never be able
                    understand?
to have.
then afterwards
I open my eyes
          my eyes at dawn
and what they did to you in my dreams
they've done to you already

te lo hicieron ya
de una única última vez.
y ponerme a vivir, y ponerme a respirar
por dos, por tres, por seis, por mil,
por los hijos nuestros que no te nacerán.

en mis sueños y en las madrugadas
y en otro lugar
tú gritas y tú
gritas
y no hay nada
entiendes
que yo pueda hacer
para que dejes
de gritar.

they've done to you already
one last final time.
I begin to live, begin to breathe
for two, for three, for six, for all
our children you will never bear.

in my dreams and at dawn
in that other place
you scream and you
scream
and there is nothing
understand?
I can do
to make you
stop.

A VECES SUCEDE QUE ME CRUZO CON EL CITROËN. LE HAN CAMBIADO LA PATENTE Y LO HAN PINTADO DE NUEVO. PERO SALGO DEL JUZGADO Y ALLÁ LO VEO, CON LOS MISMOS HOMBRES, Y EL MOTOR ANDANDO

Podríamos haberlo aplastado.
El perro
salió tan de repente
al camino
ese domingo
cuando íbamos cantando
los cinco cantábamos a la altura de Melipilla
porque era domingo de picnic
y había un sol brillante tan fuerte.
El perro
apareció como un alarido vivo
una patada en la garganta
pequeño color tierra quizás café no me acuerdo
y cruzó corriendo nuestra ruta
como si lo persiguiera un demonio
o como si nos hubiéramos tragado
un hueso muy duro.
Un chirrido de gomas
cuidado con el perrito
cuidado con
y rozamos con un impacto
un árbol
antes de detenernos.
Bajaste a examinar el auto.
Y sonreíste.
Vengan todos a ver.
Quiltro con suerte, decías.
Se escapó raspando.
Y sonreíste
y sonreíste
hasta que dejaron de llorar
los niños.

SOMETIMES I SEE THE CITROËN. THEY'VE CHANGED THE LICENSE PLATES AND REPAINTED IT. BUT I LEAVE THE COURTHOUSE AND I SEE IT THERE WITH THE SAME MEN AND THE MOTOR RUNNING

We almost ran him over.
The dog
ran into the road
so suddenly
that Sunday
while we were singing
the five of us singing on the way to Melipilla
because it was Sunday
we were having a picnic
and the sun was shining so bright.
The dog
appeared like a living shriek
a kick in the throat
little earth color maybe coffee I don't remember
and he ran in front of us
as if the devil were chasing him
or as if we had swallowed
a very hard bone.
A screech of tires
watch out for the dog
watch out for
and we hit
a tree
before we stopped.
You got out to look at the car.
And you smiled.
Come see, everybody.
Lucky mutt, you said.
Not a scratch.
And you smiled
and you smiled
until the children stopped
crying.

El tapabarros quedó feo, yo dije por decir algo.
Hundido como un ojo de metal
torcido como labios blancos.
¿De dónde nacieron esas palabras
en un día con un sol tan lindo?
Sacudías la cabeza a modo de gran león amable.
¿El tapabarros? Eso se arregla fácil.
Y te dirigiste a la tribu levantando tus manos en alto
como un predicador antiguo subiendo una montaña.
Lo único, niños míos, que no se arregla en este mundo
es quitarle la vida a algo que por milagro respira.
Y entonces
sonreíste.
Pero quizás porque nos dio pena ver la herida
tan abierta y fría
en la corteza oscura del árbol
ya no continuamos con esa canción en el resto
del camino.

No tuvimos tiempo de arreglar
después de todo el tapabarros.
A los dos días, era un martes,
te vinieron a buscar.
Cuando iban saliendo de casa,
vieron el auto en la vereda.
Nos llevamos también el Citroën,
dijeron,
para que le haga compañía.

En el camino de vuelta,
serían las diez de la noche y los niños ya dormían,
frenaste cuidadoso el auto a la altura de Melipilla.
No se veía nada, pero era el lugar de antes.
No se veía nada, como si alguien nos hubiera
tapado los sentidos
con una tela negra.
Pero abriste la puerta
y escuchamos las ranas croando
en una laguna cercana
y alcancé a ver una media luna
que crecía

The fender's ruined I said just to say something.
A dent like an eye of metal
twisted like white lips.
                    Where did those words come from
on that nice sunny day?
You shook your head like a big friendly lion.
                    The fender? That's easy to fix.
And you spoke to them lifting your hands
like an old-fashioned preacher at the top of a mountain.
Children, the only thing in this world you can't fix
is taking the life of something that by some miracle
breathes.
            And then
                    you smiled.
But maybe because it made us sad to see the
                              cold open wound
in the dark tree bark
we didn't sing that song for the rest
                              of the trip.

                              We never had time
                              to fix the fender.
                              In two days, it was Tuesday,
                              they came for you.
                              As they left the house
                              they saw the car on the street.
                              We'll take the Citroën too,
                                        they said,
                              just to keep him company.

On the way back,
it must have been ten and the children were asleep,
you carefully stopped the car at that place near Melipilla.
We couldn't see but it was the same place.
We couldn't see as if someone had
covered our eyes
with black cloth.
          But you opened the door
and we listened to the frogs croaking
                    in a nearby pool

entre estrellas
y un cielo maduro.
Buscaste con la linterna, entre arbustos
y árboles
y por ahí te agachaste entre las piedras del camino.
Pasaban cerca los camiones
como un grito de luces que chillan
y hacían vibrar el Citroën
mientras yo sólo te veía
por esa pequeña linterna
como una ventana lejana de un tren que pasa
y repasa
en la noche.
Cuando volviste a subir,
suspiraste con alivio.
Al perrito no lo rozamos.
Por ahí yo tuve miedo.
Pero no hay una señal ni una mancha.
Quiltro con suerte, dijiste.
Se salvó raspando.
Todo el camino de vuelta a casa,
silbaste lentamente la canción,
despacio para que los niños no te oyeran,
acompañándoles suave sus sueños desde la distancia
tan llena,
ibas silbando la misma canción
que se había interrumpido
así de repente
como un alarido vivo
esa mañana de domingo
de un sol tan lindo y brillante
y tu cara estaba en sombras
pero yo sé que sonreías
en la oscuridad tan grande.

and I saw a half moon
growing
between stars
and a ripe sky.
You searched with the flashlight among bushes
and trees
you crouched among the stones on the road.
The trucks passed by
like a shout of screaming light
and made the Citroën shake
while all I could see of you
was the flashlight
like the distant window of a train going
back and forth
through the night.
When you got back in,
you sighed with relief.
We didn't hit the dog.
I was worried about that
but there's no mark, no stain.
Lucky mutt, you said.
Not a scratch.
All the way home
you whistled the song slowly
slowly so the children wouldn't hear you,
softly accompanying their dreams from
a distance that was full,
you were whistling the song
that had been cut off
as suddenly
as a living shriek
that Sunday morning
so sunny and bright
and your face was in shadow
but I know that you were smiling
in the deepening dark.

COSTO DE VIDA

para Isabel Letelier

y ahora me lo quieren matar por decreto,
habría que iniciar los trámites de viuda.
Que no siga paseando mi mirada por las calles
mostrando su foto, dicen, a cada transeúnte.

como si hubiera caído en una guerra lejana
me sugieren que pida una pensión de gracia,
me sugieren que solicite ahora el dinero
para ir a comprarles cuadernos a mis hijos.
Eso es lo que quieren:
                                                que guarde su foto con calma
al lado de la foto de mis padres,
y que salga a comprar la leche
                                                            cada día
con el dinero de la pensión
                                                        de gracia.

pero parece que no entienden.
Quisiera guardar su foto con calma,
es cierto que eso
                                        lo deseo hacer
                                        y lo haré
y no es que sobren los cuadernos
                                                          en esta casa,
ni la comida sobraría cada vez.
hay otra cosa antes
                                    antes de guardar la foto,
me pregunto si lo podrán entender.
no es nada del otro mundo,
es algo bastante normal:
sólo quiero verle la cara al hombre
                                                  al hombre que lo mató.
no es por venganza, no tengo rencor.
bastará con verle la cara al hombre ese
                              o verle la cara al hombre
                                                      que compró las balas
                                                      con las que lo mató.

COST OF LIVING

For Isabel Letelier

and now they want to kill him by decree
and make me start acting like a widow
and not keep searching the streets
showing his photograph, they say, to every passerby.

as if he had been killed in a distant war
they suggest I ask for a pension
they suggest I ask for money
to buy schoolbooks for my children.
That's what they want:
                    for me to put away his photograph calmly
next to the photograph of my parents,
and go out to buy milk
                    every day
with the money from the pension.

but they don't seem to understand.
I would like to put away his photograph calmly,
it's true
          that's what I want to do
          and that's what I will do
and it's not that we have plenty of schoolbooks
                                        in this house,
or even food to spare.
but there's something else
               something else before I put away the
                                    photograph
and I wonder if they can understand.
it's nothing unusual,
it's quite normal:
I just want to see the face of the man
                         of the man who killed him,
not for revenge, I'm not angry.
I just want to see the face of that man
                    or the face of the man
                         who bought the bullets
                         that killed him.

es tan simple después de todo,
hasta un niño lo puede entender:
esos cuadernos
para que no quede una duda
esos cuadernos los compro yo.

quiero decirle esto
al hombre aquel que lo mató

él no les comprará la leche a mis hijos
él no les va a comprar ni un vaso de leche
a mis hijos
quiero decirle esto
y que lo trate de entender
quiero que lo trate de entender
mientras yo le mire la cara,
mientras yo siga paseando mi mirada
con calma
por la cara del hombre que lo mató.

It's so simple after all,
even a child could understand.
those schoolbooks
let there be no doubt about it
I'll buy those books

that's what I want to say
to the man who killed him.

he won't buy milk for my children.
he will not buy milk
for my children.
that's what I want to say
and let him try to understand.
I want him to understand
while I look him in the face
while I keep on searching
—calmly—
the face of the man who killed him.

CORRESPONDENCIA

Para quienes votaron por Salvador Allende en la elección presidencial del cuatro de septiembre de 1970

durante muchos días
después que te vinieron a buscar
seguían llegando cartas
durante semanas
incluso meses
cartas que te he ido guardando
de gente que te conoció.

luego la gente supo
estas cosas siempre se saben
las cartas se fueron acabando
y las visitas mermaron
como una gotera después de una lluvia
torrencial

he pensado en devolverlas
cerradas y sin leer
con una pequeña nota:
mi hija Carolina lamenta
que no pueda responder.
así se estilan las cosas.
así me enseñaron a mí.
pero se me quedan pegadas
a la mano
no las quiero echar al buzón.
ahí adentro están tus amigos,
los que no traías al hogar,
la gente que te acompañó.
si supiera lo que te dicen
lo que te dicen y te decían
aquellas personas
que yo nunca conocí
y que no eran como yo.
pero las cartas ajenas no se abren
ésa es una norma mínima
de buena educación.

CORRESPONDENCE

To those who voted for Salvador Allende
in Chile's presidential election of 4 September 1970

for many days
after
after they came for you
letters kept coming
for weeks
for months
letters that I've saved
from people who knew you.

Then people found out
they always find out
the letters stopped coming
and the visits dwindled away
to a trickle
after a torrential
rain.

I've thought about sending them back
unopened unread
with a note:
My daughter Carolina regrets
she is unable to respond.
that's how you say these things.
that's how I learned to say them.
but they stick
to my hand
I don't want to mail them
your friends are inside
the ones you didn't bring home,
the people who were your friends,
if I only knew what they are saying to you
what they are saying and what they said
those people
I never knew
and who were different from me,
but one doesn't open other people's mail.

hay alguien sin embargo que sigue escribiendo
cada año llega una tarjeta
fechada el cuatro de septiembre
y abajo una firma ilegible
siempre recordaré
dice la tarjeta aquella
ese cuatro de septiembre
hasta el día de mi muerte
y abajo esa firma ilegible
quién sabe quién será
porque ahora último
no era mucho lo que hablábamos,
estabas a punto de partir.
por asuntos de política, por otros motivos también,
me decías anticuada,
y que no te comprendía bien.
antes me contabas todo cada pena me venías a contar
y poco a poquito te fuiste encerrando
y escuchaba la llave
en la puerta de tu pieza
y ya no hablamos más.
muy anticuada seré
pero yo sabía que todo terminaría mal,
muy mal,
te lo dije y no me quisiste
no me quisiste
escuchar.

así que de ese joven,
lo único que sé
es que después de tanto tiempo
él te sigue mandando
cada año
las mismas palabras de amor.

no tengas cuidado
si él llegara a visitarte,
si algún día te viene a buscar,
no tengas cuidado,
yo lo sabré recibir.

that's a basic rule
of good breeding.

there's someone, though, who keeps writing.
every year there's a card
dated September 4th
and underneath an illegible signature.
I will always remember
says the card
that September 4th
until the day I die.
and then the illegible signature.
who knows who it's from
because toward the end
we didn't talk very much
you wanted to move out.
for political reasons, for other reasons,
you called me old-fashioned
you said I didn't understand.
You used to tell me everything, you'd come to me with
all your troubles
and little by little you locked yourself in
and I heard the key
in the door of your room
and we didn't talk anymore.
I may be very old-fashioned
but I knew it would come to no good,
no good,
I told you and you wouldn't
you wouldn't
listen.
so all I know
about the young man
is that after so much time
he still sends you
the same words of love
every year.

don't worry.
if he ever visits you,

apenas yo abra la puerta,
él preguntará por ti.
me gustaría llevarlo a tu pieza
que viera la cama con las sábanas
blancas y limpias y planchadas
que cambiamos cada fin de semana.
Me gustaría que viera las muñecas y el espejo
y las cartas en el velador
pero no corresponde que yo haga aquello,
es la primera vez que te viene a ver.

más bien pasaremos al living
y le ofreceré una tacita de té
después buscaré las cartas y sus tarjetas
también.

no tienes que preocuparte.
seré muy pero muy discreta.
no le preguntaré su nombre.
ni tampoco su profesión.
sólo si él lo sugiere
conversaremos de ti
con toda calma
como si estuvieras de viaje o a punto de llegar.

soy anticuada, eso es cierto,
y quizás no te comprendí.
pero de esto puedes estar segura:
a un amigo tan leal,
yo lo sabré atender.

antes de que se despida
me permitiré pedirle un favor.
le pediré que siga escribiendo
espero que no te enojes
espero que hago bien
que siga escribiendo
cada año
las mismas tarjetas
las mismas palabras
de ayer.

if he comes for you some day,
don't worry,
I'll know what to do.
when I open the door
he'll ask for you.
I'd like to take him to your room
to see the bed with sheets
all white and clean and ironed,
we changed them every week,
I'd like him to see the dolls and the mirror
and the letters on the night table.
but it's not proper for me to do that,
it's the first time he's come to see you.
we'd better go right to the living-room
and I'll offer him some tea.
then I'll get the letters and his cards
as well.

you don't have to worry.
I'll be discreet, very discreet.
I won't ask his name
his profession.
we'll talk about you
only if he wants to
calmly
as if you were on a trip or expected home soon.

I'm old-fashioned, that's true,
and maybe I didn't understand you.
but you can be sure of this:
with a friend so loyal
I'll know how to behave.

before he leaves
I'll allow myself to ask for one favor
I'll ask him to keep writing
I hope you won't be angry
I hope I'm doing the right thing
to keep writing
every year
the same cards

yo te las iré poniendo
ordenadas
en un paquete
al lado del velador
yo sé que no se estila
sé que es mala educación

pero no sabes lo que me gusta
pensar que un día vendrá
en que podremos leer
las tarjetas del cuatro de septiembre
juntas
las dos juntas y hablando
al lado de tu velador.

the same words
as before.
I'll keep putting them
in order
in a little packet
on the night table.
I know that's not how one does
things,
I know it's not good breeding.
but you don't know how I like
to think the day will come
when we read
the September 4th cards
together
the two of us together and talking
beside your night table.

CADENA PERPETUA

Yo los he visto afuera en un auto,
cuatro en ese auto azul en la calle,
fumando y
contando chistes
durante una noche entera.
Y después el teléfono que suena
y siempre son ellos.
Durante una noche entera
mirarlos detrás de las cortinas
y las luces apagadas para que mamá no supiera.

Apareció el auto por primera vez
cuando fue la huelga de hambre.
No es el mismo que vino
por mi hermana.
Lo estacionaron frente a la casa
y los cuatro se fueron turnando y
rotando
a lo largo de las tres semanas.

Reaparece el auto
ahora cada vez que mamá hace algo.

Esta noche los veré de nuevo,
de nuevo los cuatro fumando y
el teléfono que suena.
La vieja compró una cadena
con otras cuarenta mujeres,
y otra vez más, una vez más, se van a encadenar
todas ellas.

¿Se acuerdan de aquel magistrado
el que no quiso investigar
el caso de mi hermana?
Mamá le explicó, le probó lo que había que probar
A mi niña yo la vi, señor, con estos ojos míos.
Qué más explicarle después de eso
al magistrado este?

CHAINS

I've seen them outside in a car
four of them in that blue car on the street
smoking and
telling jokes
the whole night.
And then the telephone rings
and it's always them.
The whole night
looking at them from behind the curtains
and the lights out so Mama wouldn't know.

The car showed up the first time
during the hunger strike.
It's not the same one that came
for my sister.
They parked in front of the house
and the four of them took turns
worked shifts
for three weeks.
The car shows up
now
every time Mama does something.
Tonight I'll see them again,
again the four of them smoking and
the telephone that rings.
The old lady bought a chain
with forty other women
and again, once again, they'll chain themselves
together.
Do you remember that judge
the one who refused to investigate
my sister's case?
Mama explained it to him, proved everything she had to
prove
I saw my daughter, sir, I saw her with my own eyes.
What else did she have to explain after that
to the judge?

Me duelen los pechos, mamita,
fue todo lo que le dijo mi hermana,
y que se fuera, y que se fuera,
antes de que la mataran a ella también.
Mientras el juez le dijo que mentía,
y que la palabra de un oficial
del Ejército de Chile
valía más pero mucho más
que mil palabras suyas,
a mi hermana tan linda le dolían
los pechos le dolían ese día
cuando la vieja por fin la encontró
en ese hospital perdido.

Tiene rejas fuertes y de fierro
la casa de aquel magistrado.
En esos minutos antes
de que llegue la policía,
él tendrá tiempo para reconocer a las cuarenta mujeres,
reconocerlas una a una.
Tiempo para entender entonces
antes de cerrar las cortinas
las cosas que hará mi madre
para encontrar a su niña detenida
el año el mes el día
en que frente a la puerta de su casa
ya no se estacione un auto azul
un auto con cuatro hombres.
Y a las tres de la mañana,
el teléfono no suene.
Después el juez va a apagar las luces
y se preguntará por qué no llega nadie a ayudarle
y seguirá mirando y
mirando y
mirando
detrás de cada cortina
la cadena de madres en su calle.

My breasts hurt, mommy,
was all that my sister said,
and go away, go away
before they kill you too.
And the judge said she was lying
and that the word of an officer
in the Chilean Army
was worth more much much more
than a thousand of hers,
my beautiful sister her breasts
hurt that day
when the old lady finally found her
in that damned hospital.

That judge's house
has strong iron bars on the windows.
In the few minutes it takes
for the police to arrive
he'll have time to recognize the forty women,
recognize them one by one.
Time to understand
before he closes the curtains
the things my mother will do
to find the daughter they arrested
the year the month the day
when a blue car stops parking
in front of the door of her house
a car with four men.
And the phone doesn't ring
at three in the morning.
Then the judge will turn out the lights
and ask himself why nobody is coming to help him
and he will keep on looking and
looking and
looking
from behind every curtain
at the chain of mothers in the street.

SOL DE PIEDRA

Al prisionero lo ponen
contra la pared.
Un soldado le amarra las manos.
Sus dedos lo tocan fuerte,
suave, de despedida.
—Perdona, compañero—
dice la voz en un susurro.
El eco de la voz
y de
        esos dedos en su brazo
llenan su cuerpo de luz
        les digo que su cuerpo se llena de luz
y casi no escucha
el ruido de los disparos.

SUN STONE

They put the prisoner
against the wall.
A soldier ties his hands.
His fingers touch him—strong,
gentle, saying goodbye.
—Forgive me, compañero—
says the voice in a whisper.
The echo of his voice
and of
        those fingers on his arm
fills his body with light
        I tell you his body fills with light
and he almost does not hear
the sound of the shots.

POEMS I WASN'T

GOING TO SHOW

ANYBODY

POEMAS QUE

NO IBA A MOSTRAR

A NADIE

PRÓLOGO: PARACAÍDAS

En cuanto a él
no puede darse el lujo de una crisis.
Clausura sueños
                    y sonríe valientemente
y quedan sus umbrales
quemados entre ruinas
                              y sonríe valientemente
para la cámara que se aproxima
y cada aventura una foto en colores
que tiende a revelarse en blanco y negro.

(En cuanto a mí,
no voy a darme el lujo de una crisis.
Debo seguir como siempre
                                    funcionando.
Si merodeo sin cesar el pozo más profundo,
si juego a zambullirme en el fuego,
si estos pies tantean el vértigo del barro,
si rugen estrellas negras en mi aire,
no se preocupen.
Aquí la llevo, mi cuerda favorita,
un ancla secreta, una brújula
                                      tatuada,
y agua, y agua escondida en la joroba.
Me lanzo al sol con sombra entre dedos,
con segura sombra contra el sol,
así me lanzo,
                  y para la plaga
que crece y ladra en el camino,
bálsamos, conjuras, no los ven?
Exijo garantías:
                    no debe pasarme nada).

No corre riesgos, no les dije?
No puede darse el lujo
                              de salir al silencio,
de arriesgar la mirada en blanco

PROLOGUE: PARACHUTE

As for him
he can't afford the luxury of a breakdown.
He locks away his dreams
                                        and smiles bravely
and his roots
burn among ruins
                                        and he smiles bravely
for the camera that comes closer
and every adventure a color photograph
that tends to develop in black and white.

(As for me,
I can't afford the luxury of a breakdown.
I must go on
doing what I always do.
If I endlessly circle the deepest well,
if I pretend to plunge into fire,
if these feet test the vertigo of mud,
if black stars roar in my air,
don't worry.
Here it is, my favorite rope,
a secret anchor, a tattooed
                                        compass,
and water, water hidden in my hump.
I leap into the sun with darkness between my fingers,
with sure darkness against the sun,
that's how I leap
                        and for the plague
that grows and snarls on the road,
I have salves, spells, don't you see them?
I demand guarantees:
                                nothing must happen to me.)

He runs no risks, didn't I tell you?
He can't afford the luxury
                                    of going out into silence,
of risking the blank look

del sordomudo
—pobrecito el sordomudo—
que dejó su amarre en casa.
Ni está dispuesto a saber
si debajo de esta agua infinita
hay fondo o más agua.

Ten cuidado.
Entre banderas y pies que suben desde ríos,
cuidado del pantano repentino de ti mismo.
Asegura la cloaca que ahí adentro te marea.
Hay arenas movedizas debajo de las raíces
de los árboles mejores y más floridos.
Mira que a esta hora de la madrugada
quizás el sol después de todo
se esté poniendo
para ti.

of the deaf-mute

—the poor deaf-mute—

who left his safety cord at home.
And he doesn't want to find out
if beneath this infinite water
there is a bottom or more water.

Be careful.
Among flags and feet that come up from the rivers,
be careful with the sudden swamp of yourself.
Close up the sewer inside that makes you dizzy.
There's quicksand under the roots
of the best trees with the most blossoms.
Look: as day breaks
maybe the sun
is setting after all

for you.

PORDIOSERO

Cómo quieren que se lo diga?
Auxilio, como sugiere la Caperuza?
Help, en palabras de los Beatles?
Au secours, a la usanza francesa?
Tengo un corazón viejo y vanidoso,
y nada pediré.
Me quedo aquí igual que un mendigo
que fue rey del palacio
de la primavera
y espero que alguien note algún día
antes que sea demasiado tarde
que me muero con la mano extendida
invisiblemente aullando muerto
con la invisible mano extendida.

Y la persona que podría verme,
con sus ojos ver la silueta de mis dedos
está despierta también muy lejos,
en otra manera de jaula,
compartiendo la punta de una frazada,
en una cabaña apretujada de otros veinte,
y un guardia que le impide
salir a repirar la noche,
a llenarse del alivio de la noche de Chile en verano,
la fresca, olorosa noche de Chile en verano,
como si no bastara el candado en la puerta
cerrado por fuera
y los alambres de púa más allá
y las patrullas en la calle más allá
y los muros en las cabezas más allá
y las fronteras con perros más allá,
él me podría comprender.
Es demasiado real lo que nos pasa.

BEGGAR

How would you like me to say it?
Save me, as Little Red Riding-Hood suggests?
Help, in the words of the Beatles?
Au secours, as the French say?
I have an old, vain heart,
and I will ask for nothing.
I will stay here just like the beggar
who was king of the spring
palace
and I hope that someone notices some day
before it is too late
that I'm dying with my hand out
an invisibly howling dead man
with my invisible hand held out.

And the one person who could see me,
see the silhouette of my fingers with his eyes,
is also awake and far away
in another kind of cage
sharing the corner of a blanket,
in a hut jammed with twenty other men,
and a guard who doesn't let him
out to breathe the night,
to fill himself with the relief of a Chilean summer night,
the cool, fragrant Chilean summer night,
as if the door locked on the outside
weren't enough
and the barbed wire beyond that
and the street patrols beyond that
and the walls inside all their heads beyond that
and the borders with dogs beyond that,
he could understand me.
What's happening to us is too real.

me voy a dormir un día de polen sangriento
lentamente de polen inconfesable y sangriento.
Llegarán los compañeros, dirán: y a éste,
qué le pasó, qué ocurrió con su estatura?
Es tan simple y tan terrible y tan yo:
me quedé solo como un estanque que riega el campo,
un estanque que regala aguas y respira estrellas,
al que no le llegan ya ríos,
al que no le llegan niños
a nadar.
Qué le pasó, qué me pudo haber pasado?
Me fui haciendo un nudo de tanto crecer brazos,
de tanto cruzar en busca de otras manos,
de tanta exigencia imposible que exigía y me exigían,
y que cumplía a la perfección entre lamentos y orgullo.
Los signos estaban allá, no digan que en mi lenguaje
de tartamudo, que en mis telegramas secretos y obvios,
no lo advertí.
Ustedes fueron incapaces de descifrarlo
y ahora persisto como la esperanza de una tierra
enterrada
por la nieve
en una floresta donde el sol se hiela de amarillo.
Me voy a morir lentamente un día
voy a morirme de polen sangriento.

THERE IS NO WIND TO EASE THE FLOWERS

One day the blood in the pollen will put me to sleep,
the syllables of blood in the pollen will slowly put me to sleep.
The compañeros will come, they will say: and this one,
what happened to him, he used to be so strong.
It's so simple and so terrible and so me:
I was alone like a pond that irrigates the field,
a pond that gives water and breathes stars,
that no rivers come to,
where no children come

to swim.

What happened to him, what could have happened to me?
I was turning into a knot with so much growing of arms,
with so much crossing of arms in search of other hands,
with so many impossible demands—all they demanded of me,
I satisfied them all.
The signs were there, don't say that in my stammerings,
in my secret, obvious telegrams,
I didn't explain everything.
None of you could decipher it
and now I survive like the hope of a land

buried

in snow
in a wood where the sun freezes yellow.
One day I'm going to die slowly
I'm going to die of the blood in the pollen.

QUE VENGA YO MISMO A CARGAR MI BATERÍA

Me han cortado la electricidad.
Aguaito a los vecinos,
pero ellos siguen como si nada,
ellos seguirán como si nada,
no debe ser un corte general.
Y cuando alguien venga a visitarme,
seguro que no lo advierte,
cree que las ampolletas no funcionan,
que la máquina de afeitar necesita reparación,
que la radio entrega su cuota de nostalgia
siendo simplemente silenciosa.
No se da cuenta de que estoy sentado
en la oscuridad
jugando con los naipes y pistolas de mi hijo,
esperando que den la luz,
que alguien hable desde afuera,
que alguien pague la cuenta,
que alguien llame a los bomberos,
que alguien descubra por olfato mi cuerpo de cometa,
que tanto amó y buscó y quiso amanecer
en un sol estable de cada madrugada,
que alguien me diga levántate y anda,
que alguien me haga cariños en el pelo,
aquí estoy, señores,
cortocircuito, alambres pelados, soledad entre los bosques,
esperando que los vecinos se den cuenta
—demasiado tarde—
y quizás ellos sean también como yo y no lo sepan,
sean como yo y no lo sepan

decir

que los peores ciegos y los más enfermos
son los que siguen viendo
años después de que se les han caído

los ojos.

BATTERIES NEEDED

Somebody has cut off my electricity.
I spy on the neighbors
but they keep on walking around
keep on as if not a thing had gone wrong.
The whole building can't be blacked out.
And when a visitor comes,
he is sure not to notice,
he'll think the bulbs have all sputtered,
the shaver needs fixing,
the radio shows its nostalgia
by simply staying silent.
He does not realize that I sit here
                                        in the dark
playing with the cards and toy guns
left behind by my son,
waiting for light to return,
waiting for the phone to ring,
waiting for someone to pay the bill,
waiting for someone to call the firemen,
waiting for someone to discover
this body of mine like a comet by its smell,
so much love so many searches this body
that wished to dawn into a stable sun
way above the horizon of my day,
waiting for someone to say rise up and walk,
waiting for someone to pass that hand through my hair,
yes, yes, here I am, ladies and gentlemen,
shortcircuit, shredded wires, treeless in this forest,
waiting for the neighbors to realize
—it is too late, it is always too late—
and maybe they are like me
                                        and do not know it yet
like me and do not know how to say it
                                                                        yet
that the blindest of the blind and the sick
are those who still see what they see
years after their eyes
have fallen out.

SAN JORGE

Derroché espejos como otros se suben a los trenes
con el entusiasmo con que otros muerden manzanas
para que los demás se vieran las caras bellas,
para que los compadres robaran los relampagazos del cielo
y los guardaran para las noches en que todo es silencio
y sólo hay relojes que tienen el despertador malo
y son incapaces de alarma o fosforescencia
noches en que como ahora estoy yo entre las sábanas
enteramente árbol en una cama hecha de madera y papel.
Dónde está uno de esos espejos?
Dónde se fueron, que no vienen?
Dónde estoy yo mismo que no vengo a rescatarme,
destrozando dragones con mi risa de centauro?
O tendré que enfrentar los monstruos
con los ojos trizados y con un pulmón en ruinas
y con el recuerdo vago de lo que hice y haré
para guiarme como una telaraña
en el jardín inacabable de la muerte?

ST. GEORGE

I squandered mirrors the way some people get on trains
with the enthusiasm that some people feel when they bite
into an apple
so that the others could see their beautiful faces,
so that my friends could steal the lightning
from the sky
and keep it for the nights when everything is silence
and there are only clocks with broken alarms
that can't ring or shine in the dark
nights like now when I'm turned into a dead tree
in a dead bed.

Where are those mirrors?
Where did they go, why don't they return?
Where am I that I don't come to rescue me.
Killing dragons.
Or will I have to face the monsters
with crushed eyes and ruined lungs
and with the vague memory of what I did and will do
to guide me like a spider web
in the unending garden of death?

ALGO MÁS QUE AMPOLLETAS

Inexplicable en el medio de la noche,
un pájaro está cantando,
insiste y vuelve a cantar.
Sólo yo lo escucho.
Sólo yo estoy despierto
a esta hora en que todos
duermen.
Estoy despierto y solo.
No están aquí mis amigos
y mi matrimonio anda mal.
En esta hora en que trato de medir
si lo que hice
fue bueno o fue malo,
en que a cada vuelta del tobogán
la pregunta vuelve niño,
como una hoja que cae del mismo árbol más viejo,
en que insisto y vuelvo a insistir
en que nadie me puede escuchar,
el pájaro continúa
como si a él tampoco nadie
lo estuviera recibiendo.
Tal vez confundió mi luz
con el comienzo de un amanecer.
Canta, quiere compañía,
quizás esté contento de que el día
se haya adelantado por fin.
Más sabio que yo,
con su cerebro cien veces más reducido,
tanto más sabio.
Y yo que no puedo ver otra luz
que su canto en la noche,
su canto para mí
creyendo que soy el sol.
Y ahora mi hijo se levanta
para hacer pipí.
Realmente la noche está llena de amaneceres.
Si yo no fuera un hombre embalsamado,

SOMETHING MORE THAN LIGHTBULBS

Unexplainable in the middle of the night,
a bird is singing
and sings and sings again.
Only I am listening to him.
Only I am awake
now when everybody
                    is sleeping.
I am awake and alone.
My friends are not here,
my marriage is in trouble.
Now when I try to measure
if what I did
was good or bad,
when with every turn of the toboggan
the question comes back a child,
like a leaf that falls from the tree that is the same but older,
when I insist and insist again
that no one can hear me,
the bird continues
now as if no one were
hearing him either.
Perhaps he has confused my light
with the beginnings of dawn.
He sings, he wants company,
maybe he is happy that day
has come back sooner than he expected.
Wiser than me,
with his hundred times smaller brain,
so much wiser.
And I who can see no other light
than his song at night,
his song for me
because he thinks I'm the sun.
And now my son gets up
to pee.
Really, the night is full of dawns.
If I were not embalmed,

ay si yo pudiera cantar
confiado de que en el medio de esta noche
está saliendo, está saliendo
                                        el sol.

oh if I could only sing
certain that in the middle of this night
the sun
the sun
          is rising
somewhere near.

AHOGOS

¿Qué quieren de mí?
¿Que me coma un río
de caballos detenidos,
furiosamente rojos,
adentro de una ola, arriba de una ola,
a la vera de un camino?
Pero ¿qué es lo que quieren?
¿Que envenene mi solitario sabor a naranjas?
¿Que entregue el único color que conquisté?

Qué bueno ser un arquitecto que no quema casas
para poder dibujar.
Qué bueno brillar a lo lejos para peregrinos
hambrientos y desolados y escépticos
como una hoguera enardecida
en que se cuece suavemente la carne
que espera a las bocas del mañana.

Pero me sale solitario este barro,
este mugido que se adhiere a los fantasmas
cuando el último vivo los descarta,
este pantano en que se ahogan los bueyes
cuando tuercen la alambrada,
cuando caen de rodillas.

En esto terminé.
                                        Ciénaga
que colonizo inútil el desierto.
Soñando todavía con el recuerdo
o será la esperanza
de serenar con agua de oasis
la boca que tuvo sed
                                                  entre la polvareda.
Como una brújula enferma en el fondo del mar,
que confunde el norte con viento de agua,
que confunde el sur con sacerdotes que naufragan,
que interpreta la luz que se filtra
                                                                  y la asegura

DROWNING

What do you want from me?
That I should gorge myself
on a river of broken horses
furiously red
inside a wave over a wave
curving along a mad road?
But what in the hell do you want?
That I should poison this last lonely
taste of oranges left to me?
That I should surrender
the only color I can still see?

Oh to be an architect
who does not burn down houses
in order to draw their silhouette.
Or lighten up the night
                                        for pilgrims
hungry desolate skeptical pilgrims
as they make their way to my fireplace
in which meat softly turns on the spit
awaiting the mouth from tomorrow.
But it is this solitary mud which emerges,
this moan which clings onto a ghost
at the very moment when the living discard him,
This swamp in which the oxen suffocate
as they slash into the barbed wire,
as they sink to their knees.

Look at what I have become.
                                        Marshland
uselessly colonizing the desert.
Still dreaming of the memory
the memory or the hope
of serenading with an oasis of water
the mouth that was thirsty
in the dust.

por faros vociferando en desuso,
como una legión de bosques de un solo árbol,
sigo persiguiendo el sabor a horizontes,
y sería bastante por ahora si el barro
si el barro que me sale
si el barro que me sale
fuera radiante barro iluminado.

Like a compass seasick at the bottom of the sea
that confuses the north with the wind under the surf,
the south with the curses of a shipwrecked priest
interpreting the light that filters down and down
as the final scream of a dying lighthouse,
like a legion of forests made of only one tree,
I persist in my chase of how the horizon might taste,
would it not be enough for now if the mud
if the mud that oozes from me
if the mud that oozes from me
were radiant glowing incandescent mud.

MÁRGENES DE MANIOBRA

Siempre he escrito desde la orilla,
desde la eterna y acercándose orilla
que cualquiera instala como una carpa en un baldío
o una playa sin isla en el medio del mar.

Ya lo sé,
la resaca tiene poco que anunciarle al mar,
esa verdad ya se sabe.

A pesar de que olas y peces vienen,
a pesar de que botellas o barcos que van,
a pesar de que puertos y precipicios y arrecifes,
por mucho intercambio de mareas en los muelles,
el océano no tiene interés
en el borde donde disputa el agua y la roca
su pequeña y anticuada gota de supremacía,
su mojada, su seca, su poco a poco
goteante gota de supremacía.

Frente a las extensas toneladas, los reinos submarinos,
los cataclismos a punto de reventar, los abismos
que son nacimiento de la luna,
las profundidades donde la basura se disuelve,
el rugido que sacó al primer molusco del volcán,
qué puede importar esta orilla donde escribo,
este mantel sin mesa donde decido comer.

Que no se me entienda mal.
No es mi único sonido.
Mira los pies desnudos.
Cómo no cantar la limpia simpleza
de un par de zapatos?
O vamos a olvidar el hueco de la lengua arrancada?
Dejaremos de alabar el sol que sale
sin que nadie se lo pida
sólo porque ahora está oscuro?
Mira esa mano en otra mano.
Sin el puño que denuncia y nunca duda,

MANEUVERS

I've always written from the shore,
from the eternal approaching shore
that anyone can set up like a tent in a desert
or a beach without an island in the middle of the sea.

I know,
the ebb and flow have little to say to the sea,
everyone knows that.

Even though waves and fish come,
even though bottles or boats go,
even though ports and precipices and reefs,
with so much changing of tides at the docks
the ocean is not interested
in the coastline where water and rock dispute
their small, ancestral drop of dry supremacy.

Compared to huge vessels, underwater kingdoms,
cataclysms ready to explode, abysses
that are the birth of the moon,
the depths where garbage dissolves,
the roar that brought the first mollusk out of the volcano,
what can this shore matter where I am writing
this cloth without a table where I decide to eat.
But don't misunderstand me.
This isn't the only sound I make.
Look at the naked feet.
Is it wrong to sing of something as simple
as shoes?
Should we forget the hollow of the torn-out tongue?
If it is dark shall we cease to praise
the rising sun?
Look at that hand in another hand.
Without the fist that denounces and never doubts,
the slender fingers
that should be playing Bach
cannot survive.
Look at the hollow of the torn-out tongue.

los dedos tan esbeltos
que podrían algún día tocar Bach,
nunca han de sobrevivir.
Mira el hueco   te digo que mires el hueco
de la lengua arrancada.
Mira esos dedos tan esbeltos
revolviendo la basura
en busca del primer desayuno del día.
No tenemos derecho a decir
así tan simple
hermano, compañero,
vamos a luchar
el mundo no tiene que ser como es
así tan simple en la plural garganta?

Pero sigo asimismo en las veredas,
siempre sabiendo lo que es vivir ni dormido
ni enteramente despierto,
más bien como un sueño que el mar hace piel
así, en el ala de la vida que se va, así
asimismo

no es fácil, quiero que lo sepas,
ser una isla de agua en el medio del mar.

Look at the naked feet.
Look at the slender fingers
groping in the garbage
for the day before yesterday's first meal.
Are we never to say we shall
Are we never to say we shall fight
the good fight

And yet I will always know what it is to live not sleeping,
not entirely awake,
like a dream that the sea turns into skin
like this, on the wing of life that flies, like this, just like
this,

it isn't easy, let me tell you,
to be an island of water in the middle of the sea.

a veces despierto en mi cuándo,
en mi dijéramos despierto, en un quizá
que me aqueja, que me aleja
de mí,
a veces amanezco en mi ausencia,
y no lo puedo evitar,
no estoy en ninguna parte,
despierto en una cálida pradera de hielo
que vive, que flota, que respira,
pero nada más que eso, nada más que
eso.
te acuerdas de esas noches que pasamos en vela
preparando un viaje
pero ahora no hay maletas ni ropa,
y esta vez no partimos a la madrugada,
me quedo acá despidiéndome a mí mismo
sin boleto, sin tren.

desaparezco y no me encuentro,
ni un nido de luz cae en la noche,
no alcanzo a reconocerme
en ese espejo que no existe.

Pero alguien desde lejos
exige mi presencia.
Desde cerca tal vez
alguien presentó un recurso de amparo,
me busca de cuartel en cuartel,
no aceptan mi muerte.
Solamente un gran movimiento de solidaridad
podría lograr mi presencia, retornarme
al mundo,
crecerme árboles, armarme de algo más que
paciencia,
arrancarme del agua fría en que floto,
exigir de mí mismo que vuelva a existir,
inventarme un ayer, salirme del sótano

sometimes I wake up in my when,
in my what do you call it I awake, in a maybe
that grieves me, that moves me
                                        away from me,
sometimes I wake up in my absence,
and I can't avoid it,
I am nowhere,
awake in a burning field of ice
that lives, that floats, that breathes,
but just that, just
                    that.
do you remember the times we stayed up all night
getting ready for a trip
                    but now there are no suitcases or clothes,
and this time we don't leave at dawn,
I stay here saying good-bye to me
no ticket, no train.

I disappear and can't find me,
no light in the window shines in the night,
no nest,
I can't recognize me
in that mirror that doesn't exist.
But someone far away
demands my presence.

Close by perhaps
someone demanded I be found,
and is looking for me in all the barracks,
they don't accept my death.
Only a great surge of solidarity
could make me present, could return me
                                                  to the world,
grow trees in me, arm me with something besides patience,
pull me out of the cold water I'm floating in,
demand that I exist again,
invent a yesterday for me, get me out of the basement

y encontrar mi sombra en la calle,
debe haber algo así como una fuerza de
gravitación
amorosa universal,
una ley de atracción humana,
la fuerza de los demás actuando a lo cerca,
manos invisibles que te moldean en la oscuridad,
alguien que muere por ti,
que me nace así de a poco,
como un sol enamorado de su planeta,
algo que me hace
recomenzar
este viaje interrumpido
sin maletas y sin ropa
en que todavía me cuesta creer.

and find my shadow in the street,
there must be something like gravitational
universal love,
a law of human attraction,
the force of all the others operating closeby,
invisible hands that mold you in the darkness,
someone who dies for you,
who is born for me a little at a time
like the sun in love with its planet,
something that makes me
begin this interrupted
trip again
no suitcase, no clothes,
that I still don't quite believe exists.

UNDERTOW

RESACA

PRÓLOGO: ESE RUIDO ENSORDECEDOR ES EL CAMIÓN DE LA BASURA

Hoy se me quebró una taza,
cómo pude ser tan torpe.

Me dio mucha pena que se hiciera trizas,
era una que habíamos comprado apenas
salimos del país,
una que le habíamos agarrado cariño,
casi confianza le habíamos agarrado,
diría yo,
una bien roja con manchas blancas
para tomar café con leche
en las mañanas,
en aquellas primeras mañanas al principio.

Para que no se quedara por allá ninguna astilla,
para que ningún pedazo nos sorprendiera después
en la sopa, en los pies, en los párpados,
fui recogiendo los diminutos restos
al comienzo
en cuclillas y luego en cuatro patas,
con el cuidado infinito de un niño castigado
rehaciendo una tarea
y sin ruido, sin ruido,
y lentamente.
Van a ser ya más de cuatro años
que la teníamos.

Hoy se me quebró una taza
y comenzó el exilio.

PROLOGUE: THAT DEAFENING NOISE IS THE GARBAGE TRUCK

Today the cup broke;
how could I be so clumsy.

It made me very sad when it broke,
it was the one we had bought right after
we left the country,
one that we were fond of,
you could say it was almost
our friend,
bright red with white spots
for drinking café con leche
in the mornings,
those first mornings at the beginning.

So that there wouldn't be any slivers left,
any sharp bits to suprise us afterwards
in our soup, our feet, our eyelids,
I picked up all the tiny fragments
squatting
at first and then on all fours,
with the infinite care of a punished child
doing a chore over again
quietly, quietly,
and slowly.
We had it for
more than four years.

Today I broke a cup
and my exile began.

PRESENTE *(Ciclo de tres poemas)*

Lo último que vi desde el avión fue la cordillera

Cuando me despierto,
ya no estoy en Chile,
Allende está muerto
y allá lejos las calles
que comienzo lentamente
                                        a olvidar
se van llenando a esta hora
                                          de mendigos y soldados.

Miraba la cordillera desde mi dormitorio

Es de noche en Santiago.
Lo único que hay que hacer
es abrir los ojos
para que todo se vaya
                                  clarificando.
Despertar con pesadillas
en la noche de Santiago
y saber que todo era mentira.
No estaría en el exilio,
el Presidente como siempre
atendiendo al pueblo
                                  y en las calles
obreros, campesinos, estudiantes.
                                  Suficiente
                                            entonces
                                  despertarse
                                  para probar
                                  que ese sueño
                                            no era cierto,
                                  que nada anticipaba,
                                  que nada anticipaba,
                                  aquella noche
                                  —recuerda como si fuera hoy—
                                  en Santiago.

PRESENT *(A Three Poem Cycle-Requiem)*

The Last Thing I Saw from the Plane Was the Mountains

When I awaken,
I'm no longer in Chile,
Allende is dead
and the streets far-away
that I'm slowly beginning
                              to forget
are filling up right now
                              with beggars and soldiers

I Used to Look at the Mountains from My Bedroom

It is night in Santiago.
All you have to do
is open your eyes
and everything becomes
                              clear.

To awaken from a nightmare
in the Santiago night
and know that everything was a lie.
You are not in exile,
the President is caring for the people
like always
                              and in the streets
workers, peasants, students.
To awaken,
                              then,
all you have to do
                              is
to awaken
and prove
that the dream
                              was not true,
that it was not a premonition
of anything

Lo primero que se ve desde el avión es la cordillera

Mañana supongo que será.
Mañana de nuevo
bastará con algo tan simple
como abrir los ojos
para estar en Chile,
para salir a estas calles,
donde ya no hay soldados,
donde ya no hay mendigos.

Pero él nunca podrá despertar más
y encontrar a Allende vivo.

that night
—he remembers it as if it were today—
in Santiago
long ago.

The First Thing You See from the Airplane Is the Mountains

I suppose it can happen tomorrow.
I suppose that tomorrow
something as simple as
opening your eyes
will be enough
to be back in Chile
walking on streets
where there are no more soldiers
where there will be no more beggars.

But he shall never be able to awaken
and find Salvador Allende alive again.

lo bailado te lo quitan
así no más
así como así.

Te matan a la danzante,
te la trituran a brazo lento,
te la esqueleto, humo, follaje,
antes que te
acompañe
en este baile.

Te fracturan rumba, tango
te fracturan,
te disuelven el carnavalito entre orina,
te pasan púas por la piel del disco,
la trompeta la usan de cuchillo
y te astillan el violín,
así como así.

Te encierran en las paredes
que no tienen número,
entre espejos y canciones cubiertos de ceniza,
te encierran las manos, los pies, la clavícula,
y te dicen que bailes ahora, paralítico,
baila ahora concha de tu madre,
te sentencian a sepultura, te arañan de arena.

vamos a bailar, entonces,
mi amorcito,
porque lo bailado nos lo están quitando
—ahora mismo, escucha los pasos que se acercan
y alguien se ensaya botas relucientes de milico
ahora mismo—
ahora mismo.

LAST WALTZ IN SANTIAGO

All that you've danced they take from you
they just take it
just like that.

They kill the dancer in you
they crush her slowly,
they skeleton, smoke,
before she can
                    dance this dance
                              with you.

They break your rhumba, tango
                                        they break you,
they dissolve your carnival in urine,
they put needles through the skin of your record,
they use the trumpet like a knife
                                        and they shatter your violin
just like that.

They lock you in walls
that have no number,
among mirrors and songs covered with ashes,
they lock your hands, your feet, your collarbone,
and they tell you now dance you cripple
dance now you motherfucker,
they sentence you to tomb, they scrape you with sand.

let's dance, then,
my dear,
because they're taking away all that we've danced
—right now, listen to the footsteps coming closer
and someone is trying out shiny soldier's boots
right now—
                    right now.

EJÉRCITO DE OCUPACIÓN

En esta esquina de Santiago
—Calle Huérfanos con Ahumada—
se seca y acumula la distancia.

Cada vez que pasas por ella
—como un disco quebrado
que alguien trata de tocar
por una penúltima vez—
te salta a doler lo que allá
vivimos
y todo lo que día a día
has tenido que olvidar.

A mí también me vuelve ese recuerdo.
Lentamente soy de pronto
el eco de un disco
que se quiebra y que sólo ponen
muy muy bajo
cada vez que pasa un tren.

Tú cruzas en Santiago por aquella esquina
por la cual yo no puedo pasar.

OCCUPATION FORCES

On this street corner in Santiago
—Huérfanos and Ahumada—
distance dries out and piles up.

Each time you pass by
—like a broken record
that someone tries to play
just one more time—
what we lived there leaps out
                                        to hurt you,
everything you've had to forget
day by day.

That memory comes back to me too.
Slowly suddenly
                              I am the echo of a record
that breaks and that is only played
                              very very softly
whenever a train goes by.

In Santiago you go past that corner.
I am not there.

(AUTO) CRÍTICA (MÓVIL)

Digamos la verdad de una vez:
no los reconocimos.
Estaban ahí, sin embargo,
detrás de sus bigotes militares,
más adentro de sus medallas,
ojo por ojo estaban,
diente por diente,
sin saber que los ojos los poníamos nosotros
y ellos los palos,
sin saber que los dientes extraídos eran nuestros
y ellos ponían las tenazas.
Digamos que nos equivocamos:
no supimos leer sus pensamientos,
advertir la vena que latía cerca del gatillo,
escuchar el látigo en sus corazones,
espiarlos cuando doblegaban a sus mujeres
o cuando pedían café al ordenanza.

No vimos a éste cuando derribó aquel árbol,
cuando eyaculó sobre un mar eterno,
cuando desvió el auto para atropellar
la pelota del niño.
¿O lo vimos, lo vemos, lo sabíamos,
y no queríamos ver y saber?
Era cosa de postergar su aparición,
de dejarlo en el laberinto,
suponiendo que no escaparía,
que su verdadera personalidad
ahí estaba para siempre,
perdida entre nuestras palabras
y los espejismos y el maní
que le tirábamos.

Apareció un día su sombra.
Pensamos que era una ilusión óptica.
Después apareció el dueño
el dueño de la sombra.

SELF CRITICISM

Let's tell the truth once and for all:
we didn't recognize them.
But they were there
behind their military moustaches,
deep inside their medals,
an eye for an eye they were there,
a tooth for a tooth,
and we didn't know that we supplied the eyes
and they used sharp sticks,
we didn't know that the pulled teeth were ours
and the pliers were theirs.
Let's say that we were wrong: we
couldn't read their thoughts,
couldn't see the vein throbbing near the trigger,
couldn't hear the whipbeat of their hearts,
couldn't watch when they forced their wives
or told the orderly to bring coffee.

We didn't see that man when he knocked down the tree,
when he ejaculated into the pool,
when he swerved the car to run over
the child's ball.
Or did we see him, do we see him, did we know,
not want to see and know?
All we did was delay his appearance,
leave him in the labyrinth,
supposing he wouldn't escape,
that his real personality
was there forever,
lost among our words
and the lies and the peanuts
we threw to him.

His shadow appeared one day.
We thought it was an optical illusion.
Then the body appeared:
it was him, not just his shadow.

And tomorrow?

ALGO DEBE DE ESTAR PASANDO CON MIS ANTENAS

me sorprendo llorando con el final de *Sissi Emperatriz*
les juro que es cierto
basta el peor melodrama en la tele
basta la canción más barata
basta una despedida en un andén
o el globo reventado en la mano de un niño
y se me anuda la garganta
los lagrimales me duelen como ácido
me pica la nariz
el corazón golpetea más fuerte
la respiración se entrecorta
por ahí hay riesgos de mocos anticipados
y se enrojecen mis ojos

conozco los mecanismos y los
métodos del cine
he estudiado la forma en que los
violines nos manipulan
me pasé la vida denunciando a
la Doris Day

pero cuando Sissi encuentra a su marido
se me nubla algo adentro
y algo húmedo y salado baja por las mejillas

en cambio soy de piedra cuando llegan las noticias
de tu muerte
una lista de tullidos desciende del avión el mejor
amigo cojeando
supe que en una esquina asesinaron a la hermana
los niños de las poblaciones se comen los gatos y
los perros
y tampoco porque se están acabando
hace quince meses que no encuentras trabajo
una viga para otro obrero
el ruido de un palo en un hombro

SOMETHING MUST BE HAPPENING TO MY ANTENNAS

I find myself crying at the end of *General Hospital*
I swear it's true
the worst soap opera on TV
the cheapest song
a good-bye on a platform
or a broken balloon in a child's hand
are all it takes
and I get a lump in my throat
my eyes burn like acid
my nose itches
my heart pounds
my breathing becomes irregular
maybe tears will come
and my eyes grow red

I know the tricks and techniques of the movies
I've studied how the violins manipulate us
I spent my life denouncing Doris Day

but during General Hospital
something clouds over inside
and something wet and salty runs down my cheeks

I'm like a stone when I receive the news of your death
lists of crippled people come off the plane
your best friend limping
I learn that they killed your sister on a street corner
the children in the slums eat cats and dogs
if they can find them
you haven't worked for fifteen months
another worker clubbed
the noise of a stick on a shoulder

and I am not moved
I am not moved
I must be very sick

y no me emociono
y no me emociono
                              debo de estar muy enfermo

tengo miedo
tengo miedo
                    tengo miedo de lo que me está
                                                  pasando

tengo miedo
                    mucho miedo
                    del lo que me está pasando

I'm afraid
I'm afraid
        I'm afraid of what's happening to me
I'm afraid
        so afraid
        of what's happening to me

EL TELÉFONO. LARGA DISTANCIA. MALAS NOTICIAS, DICE UNA VOZ QUE CONOZCO BIEN. HAY QUE ARMAR UNA CAMPAÑA

y si fueras tú?
y si esta vez
                fueras tú?

antes que digan nada
antes que agreguen una palabra

        como un gato que cruza la oscuridad
        tu recuerdo me desborda
        como una patada violenta
        me desborda
        tu cuerpo
        como un gato blanco que cruza y que
                                                quiebra
        la oscuridad

pero es otro el nombre, es otro el
nombre.

            de repente
todo dura un de repente
                        rígido y torcido
como clavos en el de repente tan cercano
de una mano
            me inunda
                        el solitario horror del alivio
porque no se trata
                de ti.

Cómo puedo sentir
                    este alivio inconfesable
                                            de gatos
de gatos sucios
            que asfixio para no mirarlos,

THE TELEPHONE. LONG DISTANCE.
BAD NEWS, SAYS A FAMILIAR VOICE.
WE HAVE TO ORGANIZE A CAMPAIGN.

and if it were you?
and if this time
                    it were you?

before they say anything
before they add a single word

                    like a cat that walks through darkness
                    your memory cuts through me
                    like a kick
                    it cuts through me
                                        your body
                    like a white cat that walks and shatters
                    the darkness

but it's another name, it's another
name.
                    suddenly
everything lasts suddenly
                              stiff and twisted
like nails in the suddenly so close
hand
      I am flooded with
                              the lonely horror of relief
because it isn't
                    you.

How can I feel
                    this unspeakable relief
                                        like cats
dirty cats
          that I smother so I don't have to look at them,

cómo puedo sentir este alivio
porque esta vez
                no se trata
                        de ti?

Anoto los datos con letra precisa. Cuelgo el receptor y comienzo a llamar uno a uno los diarios para dar el nombre del compañero que acaba de caer, el nombre del compañero que no conozco.

how can I feel this relief
because this time
it isn't
you?

I write down the facts carefully. I hang up the phone and begin to call the newspapers one by one to give them the name of the compañero who has been arrested, the name of the compañero I don't know.

EL TELÉFONO. LARGA DISTANCIA. MALAS NOTICIAS

Y esta vez?
de quién
se trata
esta vez?

ir comenzando a sacar cálculos
esta vez y la próxima
vez

ir aprendiendo a nutrir
los contactos
distinguir
usar
los contactos
ir midiendo cuánto espacio
cada vez menos espacio
queda en un diario
los contactos
conservar los contactos
como otros guardan las conservas
o su ropa preferida
o un vino en buena bodega

para días venideros
para nuevas llamadas
para amigos
que no han caído presos todavía
familiares compañeros compañeras luchadores
que no han caído presos todavía
los contactos
ir aprendiendo a no abusar
carajo
de los contactos

Sabes algo?
Priorizamos la vida
y la muerte

THE TELEPHONE. LONG DISTANCE. BAD NEWS.

And this time?
who is it
this time?
start to make plans
this time and the next
time
learn to develop
contacts
differentiate
use
contacts

measure how much space
less and less space
is left in the newspaper
contacts
keep up contacts
like other people put away preserves
or their favorite clothes
or wine in a good cellar

for another day
and other phone calls
for friends
who haven't been caught yet
relatives compañeros compañeras fighters
who haven't been caught yet
contacts
learn not to abuse
my
goddamn contacts

Do you know something?
We rank the life
and death
of others

de los demás
como en otra época
hacíamos la lista de compras
para la semana.

que dios tenga piedad de nosotros.

Anoto los datos con letra precisa. Cuelgo el receptor y comienzo a llamar uno a uno los diarios para dar el nombre del compañero que acaba de caer, el nombre del compañero que no conozco.

as easily as we used to
make shopping lists
for the week.
may god have mercy on us.

I write down the facts carefully. I hang up the phone and begin to call the newspapers one by one to give them the name of the compañero who has been arrested, the name of the compañero I don't know.

GRACIAS

Ha llegado la hora de agradecer a los vecinos.

Fue en una ciudad extraña hace muchos años atrás.
Gritamos pasada la medianoche, discutmos,
sacrificando dioses oscuros en la garganta,
degollando un delirio de animales sobre la séptima pared.
Los vecinos escucharon cada sílaba de las acusaciones,
atendieron mi confesión como si fueran curas
o un aseador de pisos en un tribunal,
la inconfundible soledad con que una pareja se desnuda
y luego el rito del sexo y la joroba.

No llamaron a la policía,
no tocaron a la puerta,
no pidieron que bajáramos la voz.
No recuerdo sus nombres.
Tuve cuidado de no toparme con sus ojos
o sus abrigos subiendo las escaleras.
Planifiqué mis salidas al mundo exterior
como un niño al que han pillado
robándole dulces a un mendigo cojo
y que no quiere mirarle la cara
a su mamá nunca nunca más.

De ellos sólo sé ahora lo que nos dejaron hacer.
Nos dejaron gritar como un par de locos
o profetas
o profetas, insisto,
en medio del desierto, solos,
en medio de miles de testigos
que escuchaban en la oscuridad
escuchándonos tan cerca a la deriva,
perdidos, balbucientes, dando alaridos,
mordiendo los muertos,
ahogándonos el uno en el otro en una lengua ajena,
un hombre adentro de una mujer,
una mujer adentro de un hombre.

GRACIAS

It is time now to thank our neighbors.

It was a foreign city and many years ago.
We screamed past midnight, we argued,
we sacrificed the dark gods in our throats
slaughtering a delirium of animals on the seventh wall.
Those nearby men, those women next door,
heard all the accusations, every syllable,
they leaned forward invisibly to absorb my confession
as if they were priests
or a janitor emptying the trash in a courtroom
while the trial is still going on.
The irrefutable solitude of someone being
                                                            stripped naked
in the next room, across the paper thin walls,
and then the ritual of hunchbacked sex.
They did not call the police,
they did not thump on the door,
they did not ask us to lower our voices.

I do not remember their names.
I was careful not to run into their eyes
or their overcoats as they shuffled up the stairs.
I timed my sorties into the outside world
like a child who has been caught
stealing cookies from a cripple
and does not want to look his mother
in the face ever ever again.

This is what I know of them.
They let us screech into the night
as if we were a couple of madmen
                    or prophets
                    or prophets, I say,
alone in the desert
alone among a thousand witnesses
attending closely to each word in the dark
listening to us lost and shipwrecked,

Más tarde, cuando cansados hacia el amanecer
nosotros pudimos finalmente finalmente dormir,
ellos siguieron despiertos
                                        escuchando nuestro silencio.
Semanas así, sin saber lo que mañana traería
desde ese apartamento
                                  esa pareja extraña en la noche,
durante semanas y meses
                                        así así
sin dormir.

Ha llegado la hora de dar gracias.

without a compass, stuttering, howling,
biting the dead,
drowning in each other in an alien tongue,
man in woman, woman in man.

Afterwards, toward dawn, when we had tired,
afterwards, when we had finally finally fallen asleep
they stayed awake
                        listening to our silence.
Weeks like that, not knowing what tomorrow would bring
from that apartment and that strange couple in the night,
during weeks and months
                            like that
unsleeping.

The time has come to offer thanks.

EN CASO DE INCENDIO EN UNA TIERRA EXTRAÑA

con agradecimientos para Greg y Rodrigo

Tal vez sea hora de ponerse a rezar.

Tomar llave con cuidado
Apurarse lentamente
Evacuar
manteniendo cuerpo inclinado

Asegurándose siempre
De siempre mirar puerta

Si no es posible dejar habitación
Hacer esfuerzo de notificar
a alguien
Asegurándose de no olvidar
si manilla está caliente
no abrir puerta
y gritar no ayuda.

Ahora te acuerdas que esta no es tu tierra
Ahora escuchas el sonido del fuego
que se acerca

Te dije que te pusieras a rezar.

IN CASE OF FIRE IN A FOREIGN LAND

with thanks to Greg and Rodrigo

Maybe it's time to start praying.

Carefully grab key
Make haste slowly
Evacuate
staying low

Making sure always
to keep eye on door

If unable to leave room
make every effort to notify
someone

Making sure not to shout
shouting will not help

one more thing:
If doorknob is hot
do not open door.

Now you remember this is not your land.
Now you hear the sound of coming fire.

I told you to start praying.

FOUR EPILOGUES:

ANYTHING ELSE WOULD HAVE

TASTED LIKE ASHES

CUATRO EPÍLOGOS:

PARA QUE LA VIDA NO TUVIESE

SABOR A CENIZAS

VOCES CONTRA EL PODER*

1

No quiero hacerme pasar por héroe.
Al principio no tenía
ni lapicera ni papel para trabajar.

2

No se puede vivir la vida con miedo,
dejándose controlar por la gente
que puede
que sabe infundir miedo.
Sería mejor dejarse morir,
morir antes de tiempo.

Hice lo que tenía que hacer.
Para que la vida no tuviese sabor a cenizas.
Esto es lo que sé.

3

Las victorias vienen poco a poco
y de vez en vez en cuando
y son escasas, escasas.
Pero algo resplandece.
Una luz persiste.
Hice lo que tenía que hacer,
sabiendo esto, sabiendo esto.
Los pobres del mundo están clamando.

4

Esto es lo que sé.
Si no actúo, la vida hubiese tenido sabor a cenizas.

**Este poema fue creado a partir de las palabras y dichos de un grupo de defensores humanos de todo el mundo a los que entrevistó Kerry Kennedy-Cuomo en su libro* Speak Truth to Power.

VOICES FROM BEYOND THE DARK*

1

I don't want to pretend I was a hero
In the beginning
                I had neither pen nor paper to work with

2

But you don't live your life in fear
and give people power over you
who can
        create that fear
It would be better to die early

Anything else would have tasted like ashes

That's what you know

3

Few and far between
Few and far between
Something is there
A light is there

I did what I had to do
knowing this knowing this
The poor of the world are crying out

4

That's what you know
Anything else would have tasted like ashes
That's what you know
The poor of the world are crying out

**This poem has been created using the literal words and sayings of human rights activists from around the world as gathered by Kerry Kennedy-Cuomo in her book,* Speak Truth to Power.

Esto es lo que sé.
Los pobres del mundo están clamando.
Los pobres del mundo están clamando
por escuelas y médicos, no generales y armas.

Hay que creer en lo que uno hace, eso es todo.

5

Nunca estuve solo.
Esto es lo que sé.
Sólo otra persona puede darme esperanza
porque sólo otra persona puede quitarme la esperanza.
Hicimos lo que teníamos que hacer, eso es todo.
O la vida hubiese tenido sabor a cenizas.

6

¿Se necesitó coraje?
Tozudez más bien se necesitó. Tozudez.
Como una cuerda de metal interior.
La sensación de fuerza interior, como una cuerda de metal
Para que nuestro pasado no se convierta en el futuro de los hijos que vendrán, los hijos de ustedes que vendrán.

Para que la vida no tuviese sabor a cenizas.
Para no morirse antes de tiempo.

Sabiendo esto, sabiendo esto.
Les debemos algo,
algo les debemos a quienes no sobrevivieron.

7

Dios nos sacude el polvo y nos dice: "Inténtalo otra vez."
Dios dice: "Inténtalo otra vez."
Dios dice:
"Te toca vivir la vida una sola vez,
sólo esta vez."
Y así es como seguimos y seguimos,
sabiendo esto, sabiendo esto.

The poor of the world are crying out
For schools and doctors, not generals and guns

You just have to believe in what you're doing, that's all

5

I was never alone
That's what you know
Only another person can give me hope
because
only another person can take hope
away from me
We did what we had to do, that's all

Anything else would have tasted like ashes

6

Did it take courage?
It took stubbornness   Stubbornness   Like a metal chord inside
The feeling of inner strength like a metal chord inside
So our past does not become your children's future

It would be better to die early.

Knowing this knowing this
We owe something to the people left behind

7

And God dusts us off and God says, "Try again."
God says, "Try again."
God says,
"Life will only belong to you once
only this once."
And so we continue
knowing this knowing this
if we bring people to their own best hearts
they will respond

that's what you know
we were never alone

Si a la gente la llevamos a lo mejor y lo más profundo
de su corazón,
la gente sabrá responder.

Esto es lo que sabemos.
Nunca estuvimos solos.

8

Y así es como seguimos y seguimos.
sabiendo esto, sabiendo esto,
que este momento podría ser
el último,
esperando, esperando,
esperando la verdad en aquella oscuridad.

¿Saben algo?
Nunca estuvimos verdaderamente solos

9

No quiero hacerme pasar por héroe.
Hice lo que tenía que hacer, eso es todo.
Es así de simple.
Para que la vida no tuviese, para que la vida
no tuviese para siempre sabor a cenizas.
Esto es lo que sé.

El trabajo recién comienza.

10

Esto es lo que sabemos.
Hicimos lo que teníamos que hacer
Hicimos lo que teníamos que hacer
Nuestro trabajo acaba de comenzar.

8

And so we continue
knowing this knowing this
that this moment might well be
our last

waiting, waiting,
waiting in the dark for the truth

We were never really alone

9

I don't want to pretend I was a hero
I did what I had to do, that's all
It's really so simple
Anything else, anything else would have tasted like ashes
That is what you know

The work has just begun

10

That is what we know
We did what we had to do
The work has just begun.

PROBLEMAS CON LAS PUERTAS

claro que dura y que es dura
y oscuro que cierra

una puerta tras otra
durante la fábrica entera
en serie por manos
que no ven luz ni la luz

una puerta tras otra
cerrada cerradura durante la noche entera
ahí va la sombra del guardia afuera
adentro el ojo del preso que no duerme

y el manojo de llaves
por cierto entre los dedos
de esa sombra que no cede
que se pasea y vigila

y durando todavía en otros cierres
en el durante y endureciendo
la oreja de la amante en espera
de los pasos del esposo
que no es de ella
y que nunca llega
una cerradura tras otra
durante la fábrica entera
en serie por manos
que no ven luz ni la luz
ni siquiera aquella
que se cierra
y no perdura

y endureciendo todavía en otros durantes
mientras el niño que despierta
en la pieza sin puerta
muy adentro de esto que dura y dura y no
termina
y alguien

PROBLEMS WITH DOORS

Of course it endures, hard
                    and dark and closes

one door after another
during the entire mass
production by hands
that don't see light not light

one door after another
locked lock the entire night
                    there goes the shadow of the guard outside
                    inside the eye of the prisoner who does not
                                        sleep

                              and the bunch of keys
                              of course in the hand
                              of that shadow who doesn't give in
                                   who walks and watches

and enduring still in other locks
in the during hardening
                    the ear of the woman waiting
                    for the steps of the husband
                              who is not hers
                              and who never arrives

one lock after another
during the entire mass
production by hands
that don't see light not light
not even the one
          that goes out
                    and does not endure

and hardening still in other durings
while the child who wakes up
                         in the room without doors
very inside this thing that endures and endures and does not
                                        end

duradero ese alguien
esa sombra que se pasea y vigila
y no cede

acaba de echar llave a la última ventana
encerrar el sol entre una uña y medio dedo
adentro el ojo del preso que no duerme
ahí va la sombra del guardia que crece
oscura

ahí está la llave
hacer que la mano
que fabrica la noche entera
hacer que la mano
se llene de umbrales

ahí está no les digo
ahí está ahí está
la llave

claro que claro.

and someone
someone enduring
that shadow that walks and watches
and doesn't give in
has just locked the last window
enclosed the sun between a nail and half a finger
inside the eye of the prisoner who does not sleep
there goes the shadow of the guard who grows
dark

there is the key
make the hand
that produces all night long
make the hand
fill up with doorways

there it is didn't I tell you
there it is there
it is
the key
of course clearly

DIEZ MINUTOS

Acá estoy sentado en el patio de mi casa en Durham
acá en Carolina del Norte lejos del hogar lejos de Chile,
mirando aquel enorme árbol, el pino gigante que se ha muerto
y necesita ser cortado.
Ayer el hombre dijo que vendría
hoy por ahí entre
las cinco y las seis de la tarde dijo
y yo le dije sí, que yo estaría, venga cuando quiera,
y por eso espero al hombre de los árboles, espero mirando
mirando el bosque con que la casa se rodea
para que el hombre de los árboles venga y corte el pino muerto.

El sol está bajando, bajando por el horizonte ahí detrás,
bajando por el árbol los diez minutos de luz oscura,
minuto tras minuto oscuro bajando.

Desde antes antes de que la casa se construyera
antes de que yo naciera que está acá.
Puede tener la edad de mi padre—noventicuatro mi padre
mi padre que ahora vive solo en Buenos Aires
desde que mi mamá ya no está.
Lo voy a llamar esta noche.

Pasan los autos invisibles por la calle cercana.
Un pájaro solitario, silencioso, vuela sobre mis ojos.
Otro, chachareando, insolente, lo sigue.
Solamente una vez la brisa fluye por las hojas
las hojas tan verdes de los otros árboles
tomándose el tiempo antes de tocarme, yo que miro el árbol
que ha muerto pero sigue sin embargo ahí parado tan recto
tan lleno de cielo.
Puedo oir un avión muy arriba y el cielo pálido de tiza azulina
claro tan claro no se deja ver el avion, no se deja, no.
Tan sólo el sonido.
Y de repente repente los pájaros, los pájaros de repente.
Ni uno que descansa en el árbol, ni uno.
¿Sabrán?
Son las seis y el hombre no ha venido.

TEN MINUTES

I sit here on the deck at the back of our house in Durham
here in North Carolina, far from home, far from Chile,
looking up at the big tree, the big pine tree that is dead
and needs to be cut down.
Yesterday the man said he would come by
today sometime
between 5 and 6 in the afternoon he said
and I said yes, I'd be here, come on by,
and so I wait for the tree man, I wait watching
watching the forest that surrounds our house
for the tree man to come and cut down that dead tree.

The sun is going down, down the horizon behind me,
down the tree the brown light slides for ten minutes
minute by brown minute.

It has been here before this house was built before I was born.
Can it be as old as my father—ninety-four years old my father
my father who lives alone in Buenos Aires since my mother died.
I'll give him a call tonight.

Cars pass by unseen on the street nearby.
A solitary bird, silent, flies over my head.
Another bird, chattering, scolding, follows.
Only once does a breeze flow through
the so green leaves of other trees
taking its time before reaching me as I watch the tree that has died
but somehow still stands up so straight, so full of sky.
I can hear a plane overhead and the sky is a pale chalk of blue
clear so clear and yet no plane, no plane. Only the sound.
And birds, birds suddenly. Not one lands on the tree, not one.
Do they know?

It is six o'clock and the man has not come.
Nothing has happened. No one has knocked at the door.
Not even the phone has rung.

I will have to wait, I guess, for the man to come,
the man to come with his saw and look up at the tree

No ha pasado nada. Nadie llamó a la puerta.
Ni el teléfono llegó a sonar.

Tendré que esperar, supongo, que el hombre venga,
que el hombre venga con su serrucho
y mire el árbol de arriba abajo
y me diga cuando lo piensa cortar.
Supongo que tendré que esperar.

Está tan callado que casi puedo oir
el sonido de la tierra que gira y gira.
Casi.

Supongo que tendré que esperar.

and tell me when he'll cut it down.
I guess I'll have to wait.

It's so quiet I can almost hear the world turn.
Almost.

I guess I'll have to wait.

ABECEDARIO

1

Pero cómo contar su historia
si yo no estuve?
Cuando esos dos se encontraban
lejos
en una esquina desconocida
no tenían cómo saber si era
un primer encuentro
o una despedida.
No tenían cómo saber quién los miraba
desde el hueco y abismo
de una ventana.
Registrando cada movimiento
cada movimiento de sus labios.

Yo los miraba desde otro país
y no puedo contar su historia.
Yo los llamaba desde otro país
y el teléfono siempre marcaba ocupado.

2

Muéstrenme una palabra.
Una sola palabra que pueda utilizar.
Muéstrenme un verbo.
Un adjetivo limpio como un rayo.
Escucha bien el fondo de cada frase,
el desván y el polvo en los muebles
de cada frase
pon atento el oído,
escucha y mira debajo de la cama
de cada frase
escucha y mira los soldados
esperando su turno
al pie del lecho
de la amada.

VOCABULARY

1

But how can I tell their story
if I was not there?

When two of them met
far away
on an unfamiliar street corner
they could not know if it was
a first meeting
or a farewell.
They could not know who was looking at them
from the quadrangle
of that window.
Reporting every movement
every movement of their lips.

I was looking at them from another country
and I cannot tell their story.
I was calling from another country
and the phone was always busy.

2

Show me a word I can use.
Show me one verb.
An adjective as clear as a ray of light.
Listen carefully to the bottom of every sentence,
to the attic and the dust in the furniture
of every sentence,
perk up your ears,
listen and look under the bed
of every sentence
at the soldiers waiting their turn
at the foot
of the bride's bed.

Conservar una sola palabra.
Cuál vendría a ser?
Como una pregunta en un concurso:
Si pudieras llevar contigo sólo una palabra
al futuro,
cuál vendría a ser?

Encuéntrala
Éntrale a los escombros.
Mete tu mano muy adentro de la sombra sucia.
Cierra tu puño y aprieta el fragmento de un espejo
fracturado por los pies que bailan durante la noche
que nunca fue tu noche de bodas.

Déjame que te diga algo.
Aun si hubiese estado ahí
no podría haber contado su historia.

3

Llamaba desde otro país
y el teléfono seguía ocupado.
Trataba de llamar a casa
y la máquina se había tragado
mi última moneda.

4

En cuanto a la historia que no puedo contar.
Ellos acumularon ternura
como otros acumulan dinero.
Pídeselo.
Aunque el teléfono marque ocupado.
Aunque la máquina se haya tragado tu última moneda.
Aunque la operadora ahogue todas las otras voces.
Pídeles el verso que todavía van a necesitar
nuestros amantes
si hemos de bañarnos otra vez
otra vez más
en el mismo río.

Es hora de que hablen por sí mismos.

To preserve just one word.
What is it to be?
Like a question on a quiz show.
If you could take one word with you
to the future,
what is it to be?

Find it.
Plunge into the garbage heap.
Stick your hands deep into the ooze.
Close your fist around the fragment of a mirror
fractured by feet that dance on what should have been
a wedding night.

Let me tell you something.
Even if I had been there
I could not have told their story.

3

I was calling from another country
and the phone was still busy.
I was trying to call home
and the machine had just swallowed
my last dime.

4

As for the story I cannot tell.
They accumulated tenderness
as others accumulate money.
Ask them.
Even if the phone is busy.
Even if the machine has just swallowed your last dime.
Even if the operator drowns out all the other voices.
Ask them for the verse our lovers will still need
if we are ever again to bathe
in the same river.

Let them speak for themselves.

ACKNOWLEDGMENTS

If these poems have meant anything to you, please join me in thanking:

Angélica, as always, and Rodrigo, Joaquín, Melissa, and Isabella;

Fanny and Adolfo, naturally;

Edith Grossman, who so perfectly provided many of the translations into English of these poems;

Miriam Angress, my editor at Duke University Press, who first conceived of this collection as bilingual and has been ever so patient, ever so crucial to this book; and Shelley Wunder Smith, who prepared it for publication;

Jin Auh, my agent and friend at the Wylie Agency, as well as Raquel de la Concha, my loyal and loving Iberian languages agent, both of them simply superb;

Nan Graham, who first edited a shorter version of this book at Viking-Penguin and who believed so fiercely in these poems; and Paul Slovak, then the book's publicist, who still remains at that publishing house, and whose friendship and support I treasure;

Jennifer Prather, my oh-so good-natured assistant, whose backing has been indispensable on these and other projects, and who labored assiduously with our work-study student, Karla Portocarrero, to get the manuscript ready;

Teresa Vilarós, my colleague at Duke, who provided inspiration for the poem that opens this collection, "Community Dot Com;"

and the multiple translators into other languages who, through the years, have helped these poems get better in their original tongue—and I think above all of my dear friend, Eric Gerzon, and the other Dutch friends who did much more than translate;

and my literary guardians, Ankie Peypers and Deena Metzger, Julio Cortázar and John Berger and Ernesto Cardenal, each of us on the same road;

and then, of course, there are all the many others, those who simply were there, near and far away, who kept me alive, yes, that is the naked truth, all those whose company during my sleepless nights of writing is secretly inscribed in these pages, those who made their presence felt when everything else went silent around me.

Gracias. Thanks.

ABOUT THE AUTHOR

Ariel Dorfman is the author of numerous works of fiction, plays, poems, essays, and films in both Spanish and English. He is considered one of today's most important literary voices, especially as a forceful example of cross-cultural writing well before the current trend. His writing often reflects his identity as an exile and outsider.

Dorfman's work has been translated into more than thirty languages and has received many prizes, among them the Sudamericana Award (novel), the Laurence Olivier Award for Best Play, and two from the Kennedy Center, where *Speak Truth to Power: Voices from Beyond the Dark* premiered in 2000.

Other plays, performed in over one hundred countries, are *Reader* (1995), *Death and the Maiden* (1991), which was produced on Broadway and made into a feature film directed by Roman Polanski, and *Purgatory* (2002). His novels include *Blake's Therapy* (2001), *The Nanny and the Iceberg* (1999), *Konfidenz* (1995), *Mascara* (1988), and *Widows* (1983). Dorfman's nonfiction works include *The Empire's Old Clothes: What the Lone Ranger, Babar, and Other Innocent Heroes Do to Our Minds* (1983), *How to Read Donald Duck* (with Armand Mattelart, 1975), and the acclaimed memoir *Heading South, Looking North: A Bilingual Journey* (1998). Duke University Press also previously published his book of essays on contemporary Latin American fiction, *Some Write to the Future* (1991). His latest book is *Exorcising Pinochet: The Ongoing Hunt for World Justice* (2002).

Born in Argentina in 1942, Dorfman attended grade school in New York City and then lived in Chile, where he became a citizen. Forced to leave that country in 1973 after the coup by Augusto Pinochet and the death of President Salvador Allende, for whom he was working at the time, Dorfman subsequently lived in Paris, Amsterdam, and Washington, D.C. As an expatriate, he has been active in the defense of human rights for many decades and has addressed the General Assembly of the United Nations on the subject. He contributes regularly to many major newspapers worldwide.

Dorfman currently lives with his wife, Angélica, in Durham, North Carolina, where he holds the Walter Hines Page Chair of Literature and Latin American Studies at Duke University.

Library of Congress Cataloging-in-Publication Data
Dorfman, Ariel.
In case of fire in a foreign land : new and collected poems from two languages / Ariel Dorfman ; with translations by Edith Grossman with the author.
p. cm.
Expanded version of: Last waltz in Santiago and other poems of exile and disappearance. With new pref. by the author.
ISBN 0-8223-2951-4 (cloth : alk. paper) —
ISBN 0-8223-2987-5 (pbk. : alk. paper)
I. Grossman, Edith. II. Title.
PQ8098.14.O7 P3713 2002
861'.64—dc21 2001059851